プロの添乗員と行く

イタリア 世界遺産と歴史の旅

増補改訂版

武村 陽子

チンクエ・テッレ、リオマッジョーレ（11頁に続く）

駅ホームに到着したユーロスター ②

ミラノ中央駅 ①

ンピオーネ公園、平和の門 ④

スフォルツェスコ城 ③

サン・フェデーレ広場 ⑥
央にA・マンゾーニの像)

スカラ広場（中央にダヴィンチの像、正面左マリーノ宮）⑤

スカラ座博物館ロビー ⑧

スカラ座 ⑦

3

ミラノ

ヴィットリオ・エマヌエーレ2世のガッレリア ①

中心にあるトリノの紋章
上に踵を置いて回転すると良いことがある ③

中央の頭上の壁に描かれたフレスコ画 ②

ミラノのドゥオーモ ④

ミラノ

床に描かれた黄道 12 星座 ②

ドゥオーモ内部 ①

ドゥオーモ屋上 ③

トリノ

マダマ宮殿（正面と裏側の建築様式が異なる）⑤

カステッロ広場（正面は王宮）④

カリニャーノ宮殿（西側） ⑦

トリノのアーケード ⑥

ヴェローナ

カングランデ１世の柩 ②

スカラ家の廟（

シニョーリ広場 ③
（中央）ダンテ像、（左建物）コンシリオの回廊、（右建物）カン・グランデ館

⑥
シニョーリ広場からエルベ広場への抜け道

市庁舎中庭 ⑤

④
ランベルティの

翼を持つライオンの円柱

エルベ広場
⑦

ジュリエットの像 ②

右の胸に触ると幸せな結婚ができるというので、いつも若い女性でいっぱい ③

ジュリエットの家のベランダ ①
(上るのは有料)

ジュリエットの家の入口の壁は ④
♡型の落書きで埋め尽くされている

カフェが並ぶブラ広場 ⑥

アレーナ（円形闘技場）⑤

ヴェネチア

ドゥカーレ宮殿 ①

黄金の階段 ④

「巨人の階段」③

ドゥカーレ宮殿中庭

ため息の橋 ⑥

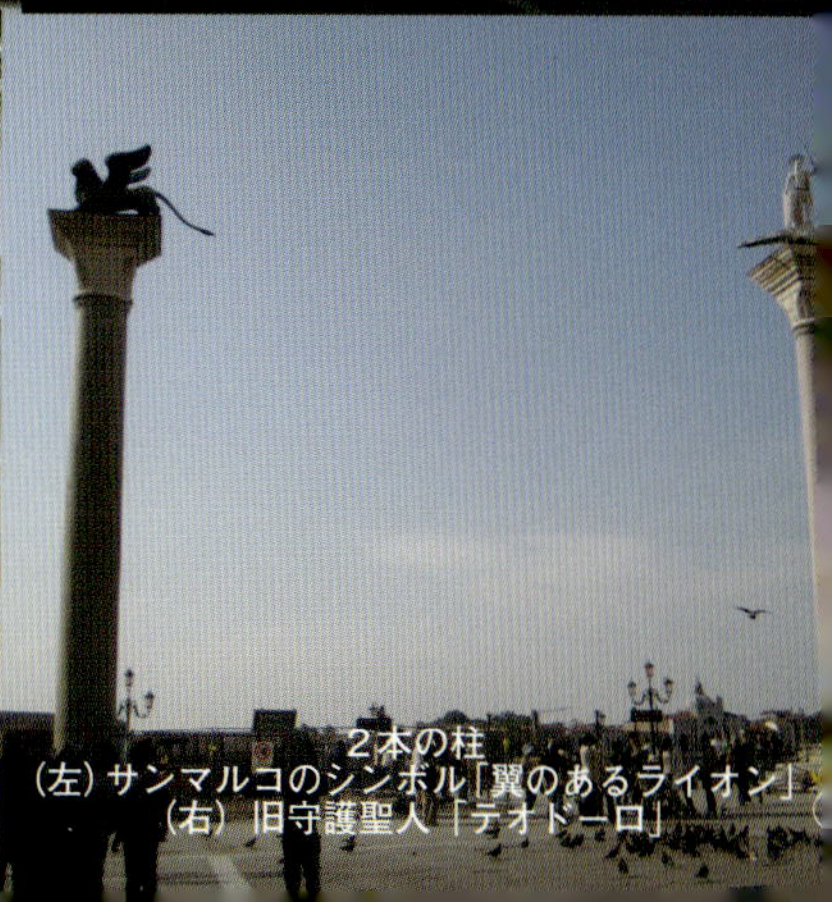
2本の柱
(左) サンマルコのシンボル「翼のあるライオン」
(右) 旧守護聖人「テオドーロ」

サンマルコ広場から見たサンマルコ寺院 ①

② サンマルコ寺院入口上のモザイク画

エジプトからサンマルコの
遺骸を運ぶ場面のモザイク ③

夜のカフェ・フローリアン ⑤

夜のサンマルコ広場 ④

ヴェネチア

サンマルコ地区の通り②

仮面を売る店③

運河を行くゴンドラ①

かつて迎賓頑として使われたダニエリホテル⑤

フェニーチェ劇場④

リアルト橋近くのカ・ドーロ⑦

リアルト橋の水上バス乗り場⑥

（右）スカルツィ橋 ②
対岸）サンタマリア・ディ・ナザレ教会

観光客のあまり来ないサンタ・クローチェ地区 ①

１番の水上バス乗り場 ④

スカルツィ橋の上から見た
サンタ・ルチア駅と駅前の水上バス乗り場 ③

木造のアカデミア橋 ⑥

水上バス（ヴァポレット）の内部 ⑤

サン・ジョルジョ・マッジョーレ教会鐘楼から見たジュデッカ島とジュデッカ運河 ⑦

モデナ

グランデ広場のモデナ大聖堂と
ギルランディーナの塔 ②

フェラーラ

エステンセ城 ①
© Vereshchagin Dmitry/shutterstock

チンクエ・テッレ

トンネルとトンネルの間にあるマナローラ駅 ④

リオマッジョーレ ③

コルニリア ⑦

駅からコルニリア
までは階段を上る ⑥

マナローラ ⑤

モンテロッソ・アル・マーレ ⑨

ヴェルナッツァ ⑧

ウフィツィの窓から見た
ヴァザーリの回廊とヴェッキオ橋 ②

ウフィツィ美術館はコの字型の建物 ①

ウフィツィとヴェッキオ宮殿を結ぶ回廊 ④

ロッジア・デイ・ランツィ ③

⑤
シニョーリア広場
（中央）ヴェッキオ宮殿
（右）ロッジア・デイ・ランツィ

青銅のイノシシ ⑦

新市場のロッジア ⑥

横から見たドゥオーモ ②

ドゥオーモ正面 ①

クーポラ内側のフレスコ画 ④

ドゥオーモ内部 ③

ジョットの鐘楼の上から見たクーポラ ⑥

ジョットの鐘楼 ⑤

天国の門 ⑧

洗礼堂 ⑦

ヴェッキオ橋 ②

ヴァザーリの回廊 ①

ピッティ宮 ④

ヴェッキオ橋の宝飾店 ③

ボーボリ庭園からピッティ宮を望む ⑥

サンタ・クローチェ教会 ⑤

トルナブオーニ通り、正面はフェラガモ本店 ⑧

アカデミア美術館 ⑦

ミケランジェロ広場 ⑩

ミケランジェロ広場から見たフィレンツェ市街 ⑨

ピサ

ドゥオーモ広場、手前の建物は洗礼堂 ①

ガリレオのランプ ④

ドゥオーモ内部 ③

ドゥオーモ ②

カンポサント ⑥

シノピエ美術館 ⑤

カンポサント内部 ⑦

シノピエ（フレスコ画の下絵）が展示されている ⑨

斜塔の屋上 ⑪

途中の螺旋階段 ⑩

⑧ 斜塔の入口

サン・ジミニャーノ

サン・ジョヴァンニ門 ②

サン・ジミニャーノ遠景 ①

ドゥオーモ広場
からポポロ宮、グロッサの塔、ドゥオーモ

チステルナ広場 ③

グロッサの塔からの眺め ⑥

町を取り囲む城壁 ⑤

シエナ

ンジャの塔から見下ろしたカンポ広場

ガイアの泉 ⑨

プブリコ宮殿とマンジャの塔 ⑦

シエナ

サン・ドメニコ教会 ②

メディチ家要塞 ①

スパンノッキ宮の上部には有名人の首が並ぶ ④

サリンベーニ広場 ③
サルスティオ・バンディーニの記念
（正面）サリンベーニ宮（右）スパンノ

ドゥオーモ ⑦

ドゥオーモ内部
白と黒の柱が美しい ⑥

至る所で目にする双子を育てる雌狼の像 ⑤

⑨
ドゥオーモ内部
床のモザイクタイル ⑧

アッシジ

上の聖堂 ②

聖フランチェスコ教会全景 ①

オルヴィエート

ルヴィエート・ドゥオーモ ④

ケーブルカー ③

サン・パトリツィオの井戸 ⑥

ドゥオーモ通り ⑤

チヴィタ・ディ・バニョレージョ

サン・ドナート教会 ⑧

天空の町、チヴィタ ⑦

ローマ　（ヴァティカン）

入口を入って直ぐのホール ②

ヴァティカン美術館への長い行列 ①

途中、美術館の中を通過していく ④

③ チケットやイヤホンガイドの窓

この部屋を通り過ぎるとシスティーナ礼拝堂 ⑥

地図の間を通る ⑤

サンピエトロ寺院へ直接行く通路 ⑧

システィーナ礼拝堂はカメラ厳禁

サン・ピエトロ寺院 ①

ランジェロの「ピエタ」

ペテロの足に触る人達 ③

サン・ピエトロ寺院内部 ②

スイス兵 ⑦

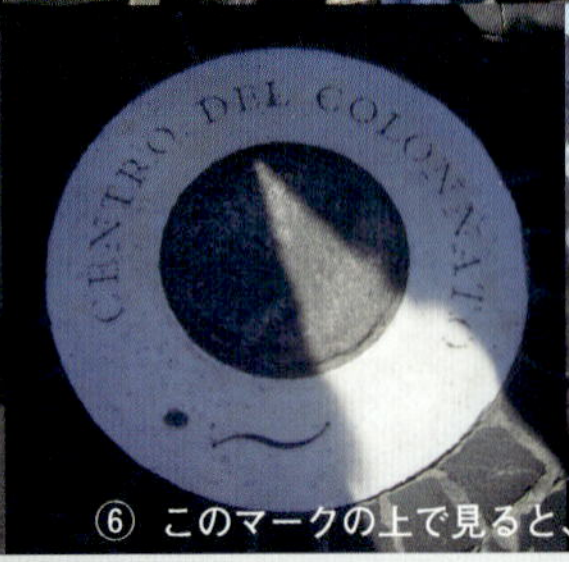

⑥ このマークの上で見ると、周囲の列柱が 1 本に見える ⑤

ムッソリーニ時代に造られたコンチリアツィオーネ通り ⑧

ローマ

① ヴェネチア広場から見たヴィットリオ・エマヌエーレ２世記念堂

V・エマヌエーレ２世記念堂から見た
フォロ・ロマーノ ③

② カンピドーリオ広場

④ フォロ・ロマーノ

トラヤヌスの市場 ⑥

ティトゥス帝の凱旋門 ⑤

コロッセオ ①

コロッセオ前のモデル達 ③

コロッセオ内部 ②

チルコ・マッシモ ⑤

④ コンスタンティヌス帝の凱旋門

真実の口 ⑦

真実の口のある
サンタ・マリア・イン・コスメディン教会 ⑥

ローマ

トレヴィの泉　①

スペイン大使館　④

無原罪の聖母記念円柱 ③

「ローマの休日」で美容院だった店

コンドッティ通り　⑥

スペイン階段　⑤

カフェ・グレコ　⑧

スペイン広場の
バルカッチャの噴水
⑦

ローマ

② 双子の教会　ポポロ広場

オベリスクの左、ポポロ門
(右) サンタ・マリア・デル・ポポロ教会 ①

パンテオン ⑤

ナヴォーナ広場 ④

アウグストゥス帝廟 ③

サンタンジェロ橋 ⑧

聖天使ミカエル ⑦

⑥ サンタンジェロ城

ティヴォリ

ハドリアヌスの別荘「カ[*1]ノープス」 ⑩

エステ家別荘 ⑨

カゼルタの王宮

①

ナポリ

カステル・ヌオーヴォ ③

卵城 ②

⑤ ウンベルト１世のガッレリア

ウンベルト１世のガッレリア入口とサンカルロ劇場（右） ④

サン・フランチェスコ・ディ・パオラ教会 ⑦

プレビシート広場前の王宮 ⑥

カプリ島

（青の洞窟）

青の洞窟の中はコバルトブルーに輝いている ①

洞窟への入り口③

② 小型のボートに乗り換える

カプリ島

（カプリ地区）

細い通りにブティックが並ぶ ⑤

ウンベルト１世広場 ④

公園の下は断崖絶壁 ⑦

⑥ 通りの先に公園がある

ポンペイ

アポロン神殿 ③

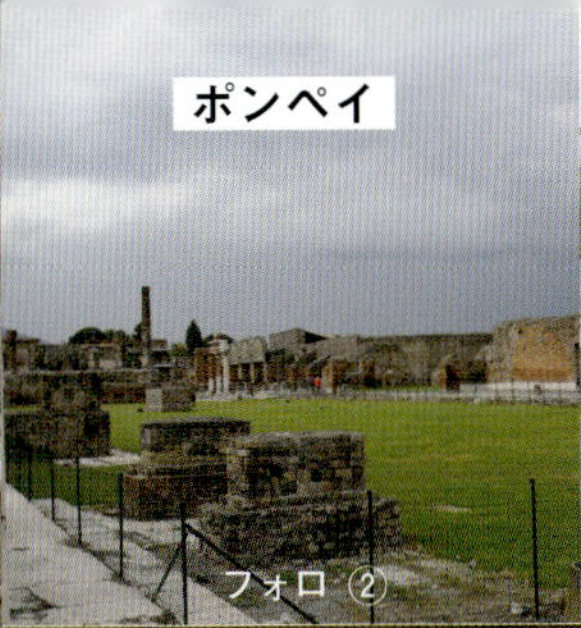
フォロ ②

マリーナ門 ①

⑥ 市場内に展示されている石膏像

市場の壁の絵 ⑤

市場はブースに分かれてい

パン屋の石臼とかまど ⑨

フォロ浴場 ⑧

居酒屋 ⑦

大劇場 ⑫

売春宿のベッドルーム ⑪

⑩ 売春宿の壁画

車道に石を置いた横断歩道 ⑮

ファウヌスの家 ⑭

猛犬に注意の床モザイク ⑬

アマルフィ海岸

エメラルドの洞窟 ②

ポジターノ ①

天国の回廊 ④

アマルフィ大聖堂 ③

カステル・デル・モンテ

⑥ 八角形の城に八角形の塔が８本

遠方からも丘の上の城が見える ⑤

中庭から見上げると空も八角形 ⑧

中庭 ⑦

アルベロベッロ

リオーネ・モンティ地区のトゥルッリ群 ②

モンテ・サン・ミケーレ通りの土産物店 ①

広い道路のようなマルテロッタ広場 ④

アイア・ピッコラ地区は住宅街 ③

マテーラ

他の家の屋根の上が道になっている ⑥

⑤ サッソ・バリザーノ地区のサッシ群

サン・ピエトロ・
カヴェオーゾ教会 ⑨

サンタ・マリア・
デ・イドリス教会 ⑧

対岸には古い洞窟住居の跡が見え

ヌオーヴァ門②

マッシモ劇場 ①

④ カテドラーレ

ノルマン王宮 ③

プレトーリア広場 ⑥

クアットロ・カンティ⑤

⑧ サン・カタルド教会

マルトラーナ教会 ⑦

モンレアーレ

巨大なキリストのモザイク ②

① モンレアーレのドゥオーモ

アグリジェント

コンコルディア神殿 ④

ヘラクレスの神殿 ③

カルタジローネ

側面の陶器が美しい ⑧

⑦
142 段の階段「スカーラ」

⑤
ヘラの神殿

テラモン（巨人）
⑥

タオルミーナ

ギリシャ劇場からエトナ山を望む ②

①コルヴァイア館と左にサンタ・カテリーナ教会

四月九日広場から見たイオニア海の眺望 ④

③ 四月九日広場、背後にタウロ山

シラクーザ

シラクーザ大聖堂 ⑥

アポロ神殿の遺構 ⑤

アレトゥーザの泉 ⑧

⑦
ドゥオーモ広場の一番奥にある
サンタ・ルチア・アッラ・バディア教会

イタリア全図

スイス
オーストリア
ハンガリー
スロヴェニア
トリエステ
クロアチア
フランス
ボスニア・ヘルツェゴビナ
トレンティーノ
アルト・アディジェ州
フリウリ
ヴェネツィア
ジュリア州
ヴィチェンツァ
ヴェネト州
(p62)
ヴェローナ
ヴァッレ
ダオスタ州
コモ
ベルガモ
ミラノ(p42)
トリノ(p60)
ロンバルディア州
パドヴァ
ヴェネチア
(p69)
ピエモンテ州
パルマ
フェラーラ
モデナ
(p85)
ジェノヴァ
リグリア州
ボローニャ
ラヴェンナ
エミリア・ロマーニャ州
チンクエ・テッレ
(p113)
(p105)
ピサ
(p88)
フィレンツェ
サンマリノ
リグリア海
サン・ジミニャーノ
(p116)
トスカーナ州
マルケ州
シエナ
(p118)
ペルージア
ピエンツァ
アッシジ(p128)
アドリア海
ウンブリア州
エルバ島
オルヴィエート
(p131)
コルシカ島
(仏領)
チヴィタ
(p135)
(p164)
ティヴォリ
アブルッツォ州
(p138)
ローマ
ラツィオ州
モリーゼ州
(p198)
カステル・
デル・モンテ
バーリ
カゼルタ(p178)
ナポリ(p168)
カンパニア州
プーリア州
アルベロ
ポンペイ
(p181)
ポテンツァ
マテーラ(p205)
サルデーニャ州
カプリ島
(p175)
アマルフィ
(p191)
パエストゥム
(p197)
パリヌーロ
(p197)
バジリカータ州
ティレニア海
カラーブリア州
(p210)
パレルモ
チェファル
メッシーナ
モンレアーレ
(p214)
タオルミーナ(p218)
シチリア州
カターニア
イオニア海
アグリジェント
(p215)
ピアッツァ・アルメリーナ
(p217)
カルタジローネ(p217)
シラクーザ(p220)
ラグーザ
本書で案内する町(p 掲載頁)
その他の町

はじめに

２００９年に本書の初刊を出版したときには、43か所だったイタリアの世界遺産も、ヴァティカンやサンマリノを含めると文化遺産、自然遺産を合わせて53か所にも上り（うち文化遺産は48件）、10年も経たないうちにすごい勢いで増えているのには驚きです。

旅行会社のツアーでは、タイトルに「世界遺産」をうたったものもありますが、わざわざ世界遺産を見に行くつもりでなく、なんとなく行きたいところが入っているからと選んだツアーでも、訪れるところのほとんどが世界遺産だったということもよくあります。

本書では、30か所の世界遺産と、世界遺産ではありませんが、イタリア旅行でよく訪れる町を紹介しています。

イタリアには、仕事とプライベートで、すでに50回以上訪れましたが、同じ町を何度訪ねても、歩く道が1本違うだけで、「あれ、こんなところにこんな小さな教会があったのか」「こんなところにこんな彫刻のある小さな広場があったのか」と、毎回新しい発見があって驚くばかりです。

街歩きだけでなく、まだ入ったことのない美術館や博物館がローマやフィレンツェを中心にたくさん残っています。見たことのない絵画や彫刻､目にしたことのない景色､食べたことのない料理やデザートなど、まだ知らないイタリアを数えはじめたらきりがありません。

添乗員として何十回もイタリアに行っているので、すっかり慣れているだろう思われるかも知れませんが、レストランの場所が変わるだけでも、新しいコースに行くような気分になります。

個人的に好きなイタリアのコースは、特にマニアックなものではなく、一般のツアーで誰もが行くような、ヴェネチアやフィレンツェ、ローマを訪れるコースです。それに、途中で立ち寄る小さな町が1、2か所でも入っていれば十分です。

一度の旅行でたくさんの町を訪問するよりも、1つの町でガイドの案内を聞いた後、自分で歩いてみることが、旅の醍醐味ではないでしょうか。

本書は、一般のツアーでよく訪れるミラノ、ヴェネチア、フィレンツェ、ローマ、ナポリ、ポンペイなどを訪問しながら、途中でヴェローナやシエナなどの中世の面影を残す町にも立ち寄ります。また、今回新たに、トリノ、モデナ、サン・ジミニャーノ、チンクエ・テッレ、ティヴォリ、チヴィタ・ディ・バニョレージョ、カステル・デル・モンテ、シラクーザなど、お気に入りの町や人気の場所を加筆しました。

初めて旅行される方はもちろん、すでに何度か行かれた方にも、イタリアは飽きることのない魅力を秘めた国であることは間違いありません。

本書が、皆様のイタリア旅行に少しでもお役にたてるとしたら、著者としてこれほどの幸せはございません。

武村　陽子

北イタリア（ミラノからヴェネチアへ）

本章で案内する世界遺産

- サンタ・マリア・デッレ・グラツィエ教会とドメニコ会修道院（1980年）
- ヴェローナ市（2000年）
- ヴェネツィアとその潟（1987年）
- フェラーラ：ルネサンス期の市街とポー川デルタ地帯（1995年）
- サヴォイア王家の王宮群（1997年）
- モデナの大聖堂、トッレ・チヴィカ及びグランデ広場（1997年）

ミラノ、ドゥオーモ屋上からの遠景

ヴェネチア、運河とゴンドラ

ヴェローナ、エルベ広場

ミラノ

関西空港を午前中に飛び立ったＫＬＭオランダ航空は、11時間50分の飛行の後アムステルダムで乗り継ぎ、その日の夜にミラノ(Milano）に到着した。

以前飛んでいたイタリアの航空会社アリタリア航空ならローマまでの直行便が出ていたが13時間かかっていた。それからミラノまで乗り継ぐと結局は夜になる。

東京（成田空港）からは、今でも※アリタリア航空の直行便がローマとミラノまで飛んでいる。

※2018年

（ミラノ中央駅）

ミラノ中央駅近くのホテルに宿泊したので、翌朝はホテルのロビーで現地のガイドと合流して、バスでの市内観光が始まった。

「皆様のホテルの前にある白い大きな建物はミラノ中央駅です。ムッソリーニ時代に造られました。ミラノは北イタリアの都市ですから、ここから列車に乗って北へ1時間もいけばスイスです。スイス

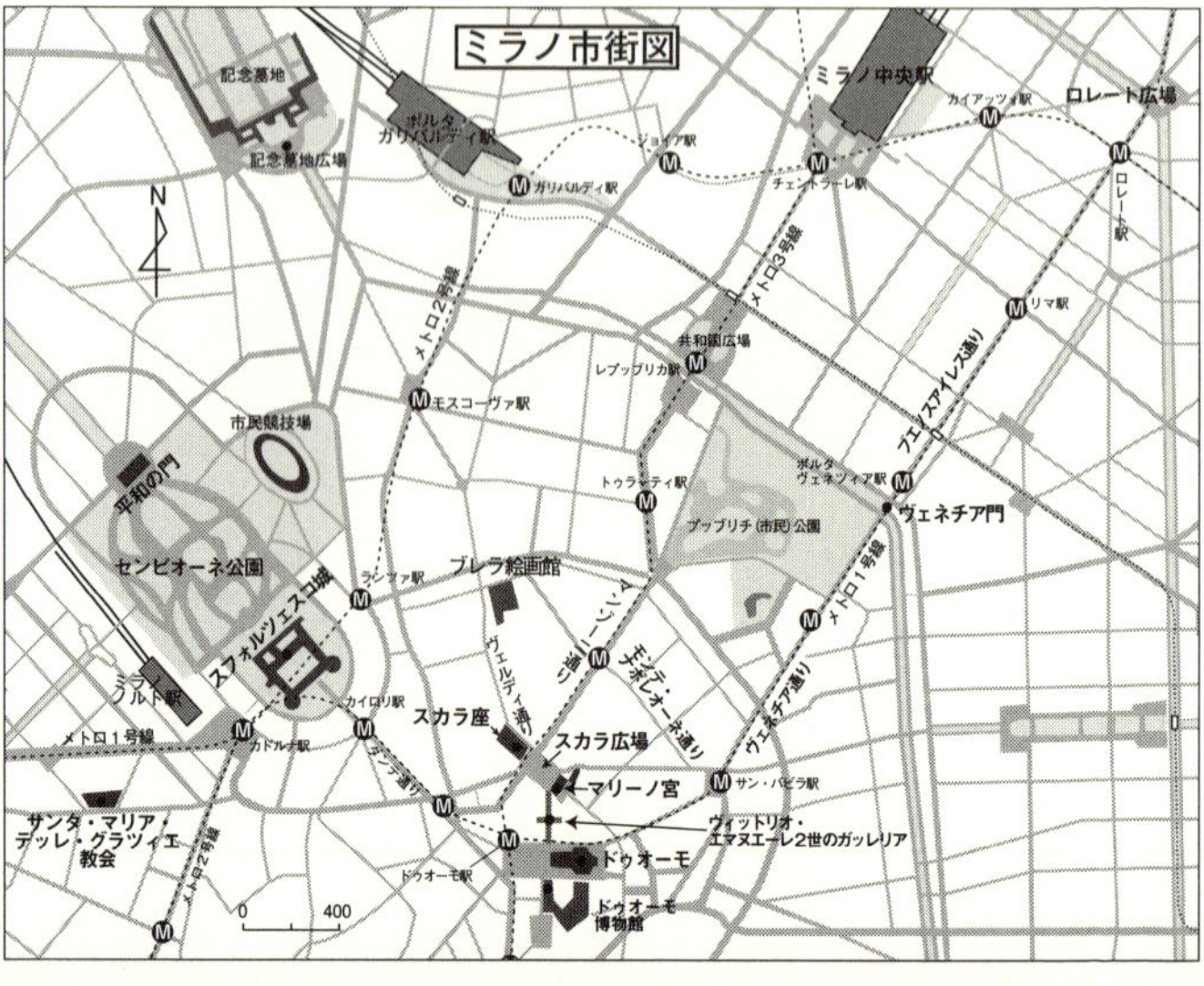

との国境を越えて、チューリッヒやルツェルンまで国際列車が出ています」

今回のように、泊まったホテルが中央駅の近くなら、ぜひ、駅構内に行ってみてほしい。駅の中にはスーパーマーケットもある。ホテルへの到着が遅くなって、お腹がすいているときには簡単な食べ物を買うこともできる。

ミラノ中央駅（Milano Centrale《チェントラーレ》）は建物も立派だが、中に入っていくと、巨大なアーケードの下にホームがたくさん並んでいて、イタリアの新幹線ユーロスターを見ることもできる。

ヨーロッパの主要な駅は、建物が古くて立派なだけでない。それらがみなターミナル駅つまり、行き止まり式の駅であることだ。それに改札がないので、誰でもプラットフォームまで行ける。

中央駅前の34階建のモダンなビルが見えると、ガイドが説明を始めた。

「これは、ミラノを中心とするロンバルディア州の州庁舎です。32階に州知事のオフィスがあります。イタリアは面積が日本の80パーセントほどの国で、特別自治州5州を含むと20州あります。ロンバルディア州には県が11あり、ミラノが県庁所在地です。イタリア全体では、97の県があります」

中央駅から少し走ると、ロレート広場が見えてきた。

ミラノ中央駅

中央駅構内

「これは、ロレート広場です。第二次世界大戦後、独裁者ムッソリーニが暗殺された後、この広場でムッソリーニ以下13名が逆さ吊りにされました」

ガイドの説明が続く。「ミラノの町は、ヴィスコンティ家が支配していた時代には城壁で囲まれていました。壁には、門が6カ所設けられていました。左手に見える双子の門になっているのが、そのうちの一つ『ヴェネチア門』です。オーストリアが支配していた18世紀には、関所として使われていました」

ヴェネチア門（Porta Venezia）からドゥオーモ側に伸びている通りを「ヴェネチア通り（Corso Venezia）」というが、反対側へ伸びている通りは「ブエノスアイレス通り（Corso Buenos Aires）」と呼んでいる。移民が多いことからこの名が付いたらしい。今では、多くの商店が立ち並ぶ大通りだ。

イタリア語で、通りのことを「ヴィア（via）」、両側に商店が並ぶ大きな通りを「コルソ（corso）」という。

ヴェネチア門

（スフォルツェスコ城）

スフォルツェスコ城は、１４５０年にフランチェスコ・スフォルツァの意向により14世紀の建造物をもとに要塞として築城された。では、フランチェスコ・スフォルツァとは誰なのか。

かつて、ミラノは「ミラノ公国」という一つの国であった。公国だから、支配していたのは公爵である。

13世紀の末には、ヴィスコンティ家が統治していたが、ヴィスコンティ家の絶えた後、スフォルツァ家が統治した。

ヴィスコンティ家の居城だったところを、スフォルツァ家のフランチェスコが改築して、スフォルツェスコ城（スフォルツァ城）と呼ぶようになった。

要塞の設計には、レオナルド・ダ・ヴィンチも加わっている。

ミラノ市の紋章は、蛇の絵柄だが、これはもともとヴィスコンティ家の紋章で、城の壁（城塞）に、この蛇の紋章を見ることができる。

車好きの人なら、このマークはおなじみかもしれない。ミラノを本社とする自動車メーカー、アルファロメオのエンブレムにも使われている。

現在、スフォルツェスコ城（Castello Sforzesco）の城内は美術館になっている。

ツアーによっては美術館に入らないこともあるが、今回は入場して見学した。

内部には、ミケランジェロが最後に手がけた彫刻「ロンダニーニのピエタ」が展示されている。腰が曲がり目も見えなくなったミケランジェロが、病に倒れる前日まで制作を続けた作品だといわれている。

確かに、未完のままの彫像で、溶けた鍾乳石のように見える。彼の他の作品のような力強さはないが、死の直前に手探りで石を刻んだと聞くと、それなりの趣はある。

城の中庭を通り抜けると、[※1]センピオーネ公園に出られる。ミラノ市内では一番大きな公園で、

※1＝2頁④の写真

スフォルツェスコ城

ロンダニーニのピエタ

アルファロメオのエンブレム

19世紀に英国式の公園として整備された。

公園の先には、遠くに「平和の門」と呼ばれる凱旋門が見える。

「１８０７年にナポレオンに捧げるために着工されました。そのために、この門はパリの方へ向いて建っています。この門をくぐってずっとまっすぐ行くと、パリまで行けるようになっています」とガイドが説明した。


（スカラ座）


観光バスは、ドゥオーモ広場まで入れないので、これからは徒歩での観光となる。今回はスカラ座の横のヴェルディ通り（Via Verdi）でバスを下車した。

スカラ座は、世界を代表するオペラ座であり、イタリア三大オペラ座の一つでもある。

次に観光するヴェローナで「スカラ家」の話が出てくるが、ヴェローナのスカラ家からミラノのヴィスコンティ家へ嫁いできたベアトリーチェが１３８１年に寄進したのが、「サンタ・マリア・デッラ・スカラ教会」であり、その教会の跡地に建てられたので「スカラ座」（Teatro alla scala）と呼んでいる。

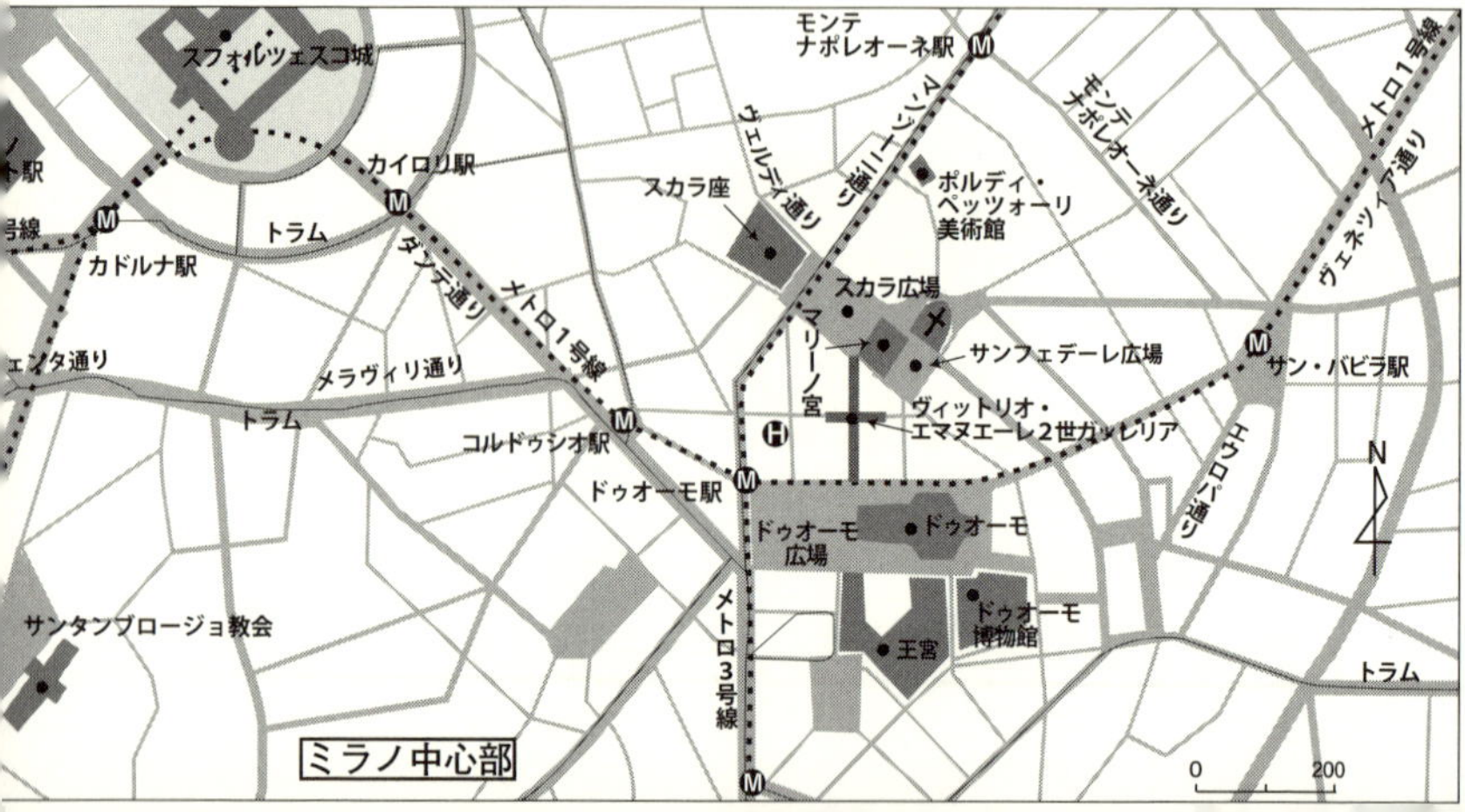

スカラ座は1776年から1778年にかけて建てられたネオクラシック様式の建物である。当時のミラノはオーストリアのハプスブルク家が支配していた。ちょうどマリア・テレジアの時代だった。

建物の完成後、1778年の8月に初演が行われた。

題目は、「エウローパ・リコノシュータ」で、日本ではあまり聞かないが、作曲家はモーツアルトの映画「アマデウス」でおなじみのイタリア人「アントニオ・サリエリ」である。

スカラ座では、19世紀から20世紀にかけて、数え切れないほどのオペラが上演された。夏季を除いて年中、オペラやバレエが上演されている。

建物は第二次世界大戦で大きく破壊されたが、戦後、再建された。

スカラ座には博物館があるので、フリータイムに見学することもできる。

博物館になっている場所は、1913年に改装した2階ホールで、肖像画や胸像、楽譜、ポスターなど、オペラにまつわるものが展示されている。

博物館の入口はスカラ座の正面入口に向かって左手にある。入場料を払って階段を上がると、劇場内部がガラス越しに見える。運がよければ、その日の夜に催される舞台の練習風景を見ることもできる。

劇場のロビー[※1]なら写真を撮ってもよいといわれた。オペラの観客が上演の休憩時にここでシャンパンなどを飲みながら会話を楽しむこともできる。私は「コッ

※1＝2頁⑧の写真

スカラ座

ペリア」のバレエを見に行ったとき、ここで休憩時間にシャンパンを飲んで13ユーロ払ってしまった。高いと思って周りを見ると、ほかの人はみんな「スプマンテ」を飲んでいた。日本ではスパークリングワインを何でもシャンパンと呼ぶが、シャンパンはフランスのシャンパーニュ地方で作られた特別なもの。イタリアにはスプマンテと呼ばれる安くて美味しいスパークリングワインがあったのだ。

同じく2階の博物館には、作曲家たちの楽譜や楽器、筆記具などが展示されている。ワーグナーやベートーベンなど、スカラ座にまつわる作曲家の頭像もある。ショパンの手（石膏）やヴェルディの手もある。3階は衣装展示室で、オペラのヒロインのドレスが展示されていた。

スカラ座博物館入口

〈スカラ広場〉

スカラ座の正面には、スカラ広場が広がっている。

この広場の中心に、レオナルド・ダ・ヴィンチの像がある。ダ・ヴィンチが30歳のころの姿である。

広場を挟んでスカラ座の対面にある建物は「マリーノ宮」で、16世紀の住宅だが、現在は、市庁舎として使われている。

マリーノ宮はイタリア語で「Palazzo Marino」（パラッツォ・マリーノ）。パラッツォは「宮殿」、英語のパレス（Palace）に相当する。日本語で宮殿というと、君主の住居というイメージがあるので、「〜の館」「〜邸」というほうが相応しい。
「パラッツォは、町の中にある豪邸のことです。同じ豪邸でもヴィラ（Villa）は、町の外にある庭つきの豪邸をいいます」と、ガイドが説明した。

マリーノ宮の裏側の[※1]サン・フェデーレ広場には、アレッサンドロ・マンゾーニというイタリアの小説家の像が立っている。17世紀のミラノの物語「いいなずけ」（"I Promessi sposi"）という作品で知られていて、イタリアでは中学校の国語の教科書にも使われているらしい。
「マンゾーニは、日本でいうと夏目漱石クラスにあたるでしょうか」とガイドが言った。小説の中では、意地悪な修道女が生まれ育った建物が、マリーノ宮ということになっている。

スカラ座前の「マンゾーニ通り」を北東に300メートルほど歩くと、高級ブティックが並ぶ「モンテナポレオーネ通り」に行くことができる。ファッションに関心がある人は、フリータイムに行ってみるといいだろう。

※1＝2頁⑥の写真

スカラ広場のダヴィンチ像

マリーノ宮

(ヴィットリオ・エマヌエーレ2世のガッレリア)

※1＝3頁②の写真

スカラ座広場からドゥオーモまで、アーケードの中を通って行く。このアーケードは、「ヴィットリオ・エマヌエーレ2世のガッレリア」といわれている。「ヴィットリオ・エマヌエーレ2世」とは、イタリアを統一した人物である。

十字型のアーケードで、1865年から1877年の12年間をかけて、鉄とガラスで造られた。

中央の頭上には、4枚の美しいフレスコ画が描かれている。[※1]これは、ミラノから見て、東西南北にある世界を描いている。東は中国、西はアメリカ、南はアフリカ、そして北は、北ヨーロッパである。

その下の床は、モザイクタイルで飾られており、イタリアの主要な州の紋章がある。そのうちの一つ「トリノの紋章」を取り囲んで、人々がクルクルと順番に回っている。トリノは、イタリア統一の中心となったところであり、この紋章の真ん中に利き足のかかとをあててぐるりと一回転すると（3回転と言うガイドもいる）良いことがあるといわれている。

紋章の真ん中に、くぼみ（というよりも穴）があいている。たくさんの人が踵をあてて回転するので、だんだんと擦り減ったらしい。定期的に埋められ、

ヴィットリオ・エマヌエーレ2世のガッレリア

トリノの紋章の中心で一回転する

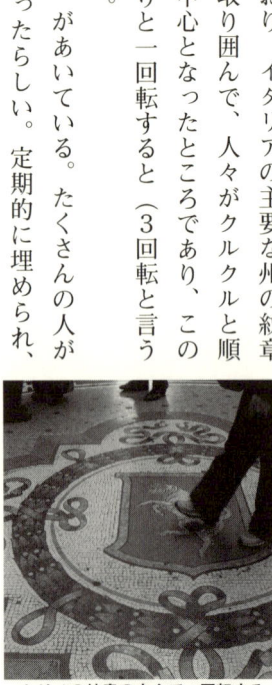

平らにされるということだ。

「ここでみなさんが順番を待っていたら、観光がストップしてしまうので、どうしても回転したいという人は、フリータイムのときにまた来てください」

ガッレリア内は、高級ブランドのブティックや、レストラン、カフェ、ハンバーガーショップ、書店などがあるショッピングモールになっている。

（ドゥオーモ）

ヴィットリオ・エマヌエーレ２世のガッレリアを通り抜けると、目の前に「ドゥオーモ」の壮麗な姿が現れる。

「ドゥオーモ」という建物があるのは、ミラノだけではない。これから訪れるフィレンツェやピサ、シエナにも、ドゥオーモと呼ばれている建物がある。

よくツアーの参加者から「ドゥオーモって、ミラノだけだと思ったらあちこちにあるんですね」といわれる。

「ドゥオーモというのは、神が宿る家です。ラテン語のドームスから来ています」とガイドが説明した。

日本語では、「大聖堂」と訳すことが多いが、大きいから大聖堂というのでは

ミラノのドゥオーモ

なく、カトリックの司教座が置かれているところをドゥオーモ、又はカテドラーレ（カテドラル）と呼んでいる。

「司教というのは、日本で言うと、位の高いお坊さんといったところです」

ミラノのドゥオーモは、ゴシック建築ではイタリア最大の教会である。ゴシック建築の始まりは北フランスで、12世紀に始まったが、その後ヨーロッパ全土に広まった。

工事が始まったのは１３８６年、ヴィスコンティ家が支配する「ミラノ公国」の時代だ。ミラノ公「ジャン・ガレアッツォ・ヴィスコンティ」の命によって着工されたが、完成したのは４２６年後の１８１２年である。

大聖堂内部ではガイドの解説はできないので、外で説明した後、各自で入場した。入口では手荷物検査が行われていた。イタリアではほとんどの教会や美術館で手荷物検査がある。入って右手の方の床には、縦に黄道[※1]12星座が描かれている。天井から入ってくる光がその時期の星座の上に当たるようになっている。天井をよく見ると、右の方に1つだけ小さな穴があって、そこから光が入ってくるのだ。他にも、ステンドグラスや一万本のパイプを内蔵するオルガンなど、見ごたえがある。

ドゥオーモの屋上にも上ることができる。エレベーターか階段を使って上がるが、どちらも有料だ。

ドゥオーモの屋上

※1＝4頁②の写真

エレベーターで上っても、そのあと少し階段を上らないと、周辺の景色が見えるところまでは行けない。

１３５本の尖塔のうち、中央にある一番高い塔は１０８メートルの高さがある。尖塔の先端部には金で覆われたミラノの守護聖人「マドンニーナ」の像が立っている。

ダ・ヴィンチの最後の晩餐

日本からミラノに来ると、レオナルド・ダ・ヴィンチの「最後の晩餐」を見たいという人が多い。サンタ・マリア・デッレ・グラッツィエ教会にあるダ・ヴィンチの「最後の晩餐」は傷みが激しいため、入場制限が行われている。最後の晩餐が組み込まれたツアーも出ているので、それが目的でミラノに行くなら、こちらをお勧めする。

内部で説明はできないので、待ち時間にガイドが外で説明し、時間が来たら中に入る。

中に入ると1グループ25人ずつ並んで待つ。しばらく待っていると、ドアが開いて中に入るように指示される。最後の晩餐が描かれている部屋には、一度に最大25人しか入れないのである。

壁画の描かれた部屋は薄暗く、入ると右側の壁にダ・ヴィンチの最後の晩餐が照明に浮かび上がっているのが見える。見学時間は15分。中に入ると25人全

サンタ・マリア・デッレ・グラツィエ教会

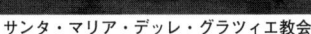

員が、ただ黙って壁画を見つめている。15分経過すると、またドアが開いて次のグループが入ってくる。なごり惜しいかもしれないが、反対側の出口から外に出なければならない。長い間、写真撮影禁止だったが、２０１５年12月、フラッシュ・自撮り棒・動画禁止、個人用途に限るという条件で解禁された。

ここで、「最後の晩餐」について、少し説明しておこう。

ミラノ公国のヴィスコンティ家が没落した後、後を継いだのが、スフォルツェスコ城に名を残すスフォルツァ家だが、その代表者が「ルドヴィコ・スフォルツァ」である。彼は色黒だったので「イル・モーロ（北アフリカのムーア人という意味）」と呼ばれていた。

彼に仕えた技師がダ・ヴィンチで、そのとき「最後の晩餐」を発注した。ダ・ヴィンチがミラノに滞在している１４９５年から９７年の間に描いたものである。

左から、バルトロマイ、小ヤコブ、アンデレ、ユダ（キリストを裏切った人物）、ペテロ、ヨハネ、イエス・キリスト、トマス、大ヤコブ、ピリポ、マタイ、タダイ、シモンである。

「最後の晩餐」は、イタリア語でチェナーコロ・ヴィンチャーノ（Cenacolo Vinciano）というが、チェナーコロ（Cenacolo）は、修道院などの食堂のことである。

サンタマリア・デッレ・グラツィエ教会に隣接する元修道院の食堂の壁に、テ

「レオナルド・ダ・ヴィンチの最後の晩餐」

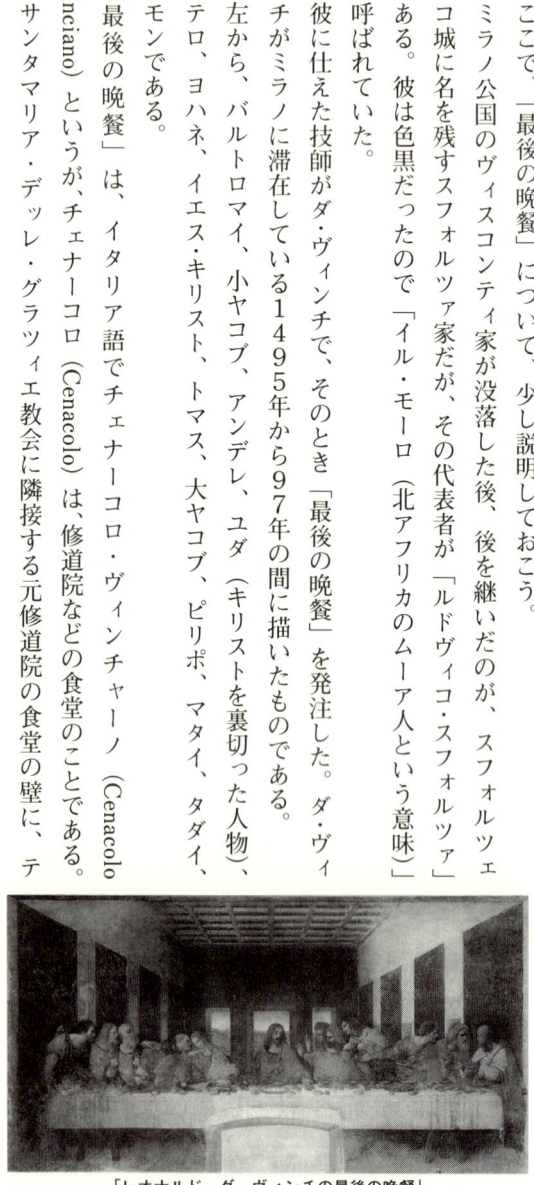

ンペラ画法と呼ばれる技法で描かれている。

壁画を描く手法で一般的なのはフレスコ画法である。「フレスコ」は英語のフレッシュと同じで新鮮というような意味がある。フレスコ画法では、しっくいが乾く前に描かなければならない。しかし、それだけ長持ちする。

しかし、ダ・ヴィンチは、ゆっくり時間をかけて描きたかったので、フレスコではなくテンペラ画法で描いた。テンペラ画法は、加筆や修正もできるからである。しかし、フレスコ画と違ってテンペラ画法は耐久性がない。16世紀にはすでに傷み始めていた。

18世紀のナポレオンのイタリア遠征時代には、この食堂が馬屋として使われた。

第二次大戦時のミラノ爆撃で、この食堂の屋根も半分破壊されるなどしたが、壁画の描かれている壁面に土嚢を積むなどして、奇跡的に破損を免れたといわれている。

何度も修復が行われたが、１９７７年から１９９９年までの20年をかけた大規模な修復では、汚れとそれ以前の修復によって上塗りされた顔料を洗い落とすことによって、本来の姿を取り戻したといわれている。

ミラノでのフリータイム

ミラノでたっぷりとフリータイムがあれば、日本からダ・ヴィンチの「最後の晩餐」鑑賞を予約していってもいいし、スフォルツェスコ城がツアーに組み込まれていない場合は入場してもいい。

それ以外にも、スカラ座の博物館や、「ブレラ絵画館」「ボルディ・ペッツォーリ美術館」など美術館めぐりもできる。ブレラは、マンテーニャの「死せるキリスト」やベッリーニの「聖母子」など北イタリアのルネッサンスを代表する絵画が展示されている。

また、ボルディ・ペッツォーリ美術館は、個人の邸宅を美術館にしており、ボッライウォーリの「若い貴婦人の肖像」などの絵画のほか、武器や家具、宝石などが展示されている。

イタリア統一の歴史

イタリアの町を歩いていると、古代ローマの遺跡や、中世の城や教会、ルネッサンス時代の邸宅などに当たり前のように出会う。そして、「2000年前に建てられました」「500年前に建てられた教会です」などとガイドが説明する。しかし、イタリアという国が統一されたのは1861年のことで、実は国としては新しい。

5世紀に西ローマ帝国が滅びた後は、都市国家時代が続いていた。

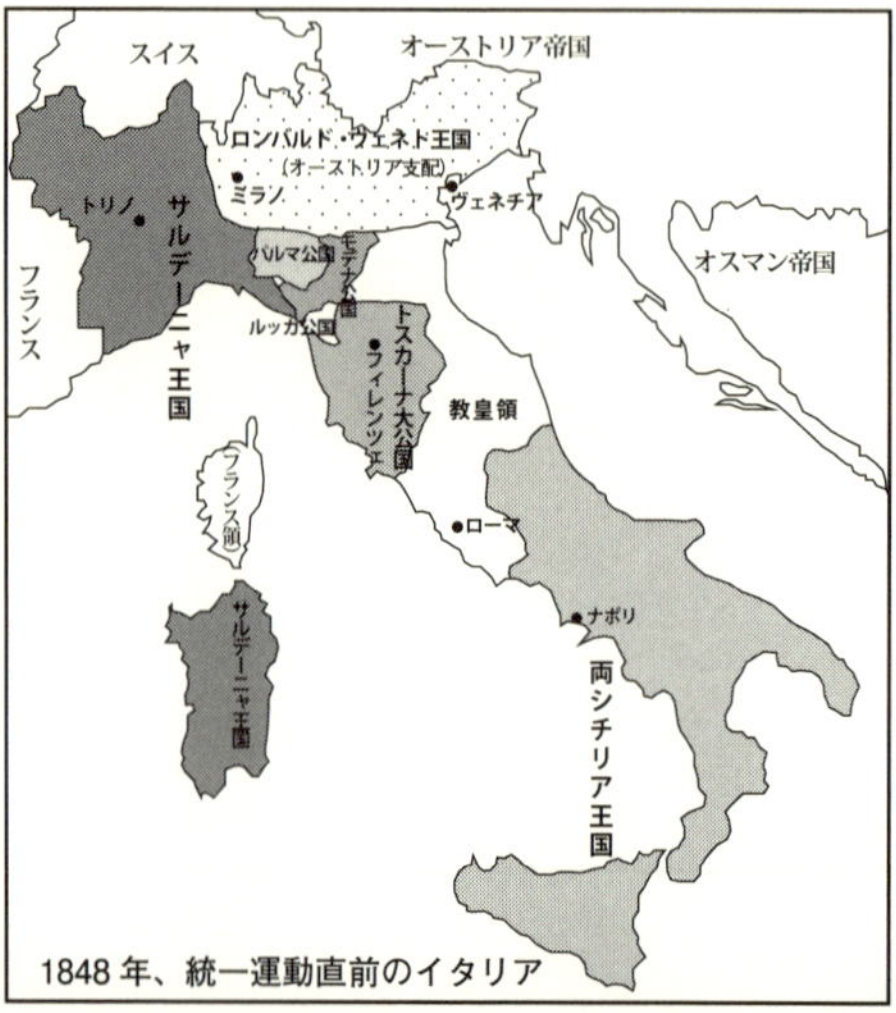

1848年、統一運動直前のイタリア

イタリアが統一されたときは「イタリア王国」であり、当時の首都は「トリノ」であった。トリノのあるピエモンテとフランス、スイスにまたがった一帯を支配していた貴族サヴォイア家が16世紀にトリノに都をおいたことからトリノの町は発展した。

トリノのサヴォイア家が支配する領地はサヴォイア公国と呼ばれていたが、1720年にサルデーニャ島を領有してから、サルデーニャ王を名乗り、サルデーニャ王国と呼ばれるようになった。

このサヴォイア家の分家の子孫であったヴィットリオ・エマヌエーレ2世が、イタリア王国の最初の王となる。ミラノのドゥオーモ前にあるアーケードの名前にも登場する人物であるが、イタリアの至る所に彼の像が立ち、彼の名前が付いた通りや場所が存在する。

イタリアの統一は、つまり、トリノを中心とするサルデーニャ王国から始まったのである。

イタリアの国家統一で活躍したのが、今も英雄として人気のある「ジュセッペ・ガリバルディ（Giuseppe Garibaldi）」である。ガリバルディは、当時はサルデーニャ王国の領土であったニース（現在はフランス領）の生まれ（1807年）で、義勇兵を率いて独立運動を戦った。彼は、1860年には両シチリア王国（イタリア南部とシチリア島）を占領し、その領土をサルデーニャ王国のヴィットリオ・エマヌエーレ2世に献上している。

サルデーニャ王国は、1859年から1860年にかけてロンバルディア（ミラノ）やトスカーナ（フィレンツェ）などの都市国家を併合し、1861年には、ヴィットリオ・エマヌエーレ2

世がイタリア王国の国王として即位した。ただし、1861年の時点では、ローマとヴェネト（ヴェネチア）はまだ併合されていなかった。そして1866年にヴェネト、1870年にローマを併合して、ようやく国家統一が完了した。新国家の首都は当初はトリノだったが、1865年にはフィレンツェに、1870年にローマを併合してからはローマが首都となった。


この新しくできた、つぎはぎだらけの国「イタリア」は、さまざまな問題を抱えていた。

その一つは、カトリック。教皇領（法王領）であったローマがイタリア王国に併合されたため、教皇はローマの隅に押し込められることになった。これが「ヴァティカン」である。

もう一つの大きな問題が、南北問題である。

新しくできたイタリア政府は、ミラノやジェノヴァ、トリノなどの北部を中心に工業化を進めた。そして、ナポリなどの南部は、そのまま大土地所有制を残して保護した。

その結果、ローマを真ん中にして、北部と南部で大きな経済格差ができる。貧しい南イタリアの人々は、アメリカへと移住していった。

その後、第一次世界大戦が勃発する。

それまで、戦争といえば「ヴェネチア対ジェノヴァ」、あるいは「フィレンツェ対ピサ」というように都市国家間の戦争だったものが、初めてイタリアという一つの国として外国と戦争をした。

1918年、オーストリアとのヴィットリオ・ヴェネトの戦いに勝利し、イタリアは戦勝国となって、南チロルやトリエステなどを自国領とすることができた。

しかし、多くの戦死者を出し、その後の不況で混乱に陥ることになる。

１９００年代の初めに現れたのがムッソリーニである。彼は39歳という若さで首相に就任し、その後、20年も独裁者として政権に就いた。

ムッソリーニがどんなことをしたのかというと、例えばミラノの中央駅を造り、ローマのテルミニ駅の起工を行い、ヴァティカンのサンピエトロ寺院への直線道路を開いた。同じ時代にドイツではヒトラーが、経済政策の一環として高速道路アウトバーンを計画している。

ムッソリーニによって、ローマの古代遺跡の発掘が進められ、新しい郊外の都市であるＥＵＲ（エウル）の開発も行われた。１９３５年に建設されたＥＵＲは、１９４２年にローマ万国博覧会が行われる予定だった場所で、当初はＥ４２（Esposizione'42）という名前だったが、後にＥＵＲに変更された。ＥＵＲは「Esposizione universale di Roma」（ローマ万国博覧会）の略である。

ムッソリーニは、絶頂期にはローマのヴェネチア宮殿（ヴェネチア広場）に住んでいた。

そして第二次世界大戦が始まる。

イタリアは１９４０年に、日本やドイツと共に三国同盟を結んで枢軸国を結成し、米英仏などの連合国と戦争を始める。しかし、イタリア軍は、イギリス軍が支配していたギリシャの侵攻に失敗、北アフリカ戦線でも敗北し、早々と枢軸国を離脱してしまった。

ムッソリーニは、不信任を突き付けられ、１９４３年7月に失脚、逮捕された。その後、後任のバドリオ元帥が連合国に無条件降伏した。

逮捕されたムッソリーニは幽閉されたが、ドイツ軍によって救い出され、スイスへと逃亡中にコモ湖の近くで銃殺された。死体はミラノのロレート広場で逆さ吊りにしてさらされた。

戦後は、君主制が廃止され、共和制となった。１９４８年に共和国憲法が施行され、初めての国政選挙を経て、「イタリア共和国」として出発することとなった。初代大統領に選ばれたのが、エンリコ・デ・ニコラである。

トリノ

一般的なツアーにはあまり組み込まれていないが、イタリア王国時代に興味があれば、トリノ（Torino）を訪れてみることをお勧めする。

ミラノから特急列車で50分、トリノのターミナル駅ポルタ・ヌオーヴァ駅に到着する。

駅から徒歩圏内に、王宮、マダマ宮殿、カリニャーノ宮殿などサヴォイア王家の居城が集中していて歩いて見学ができる。

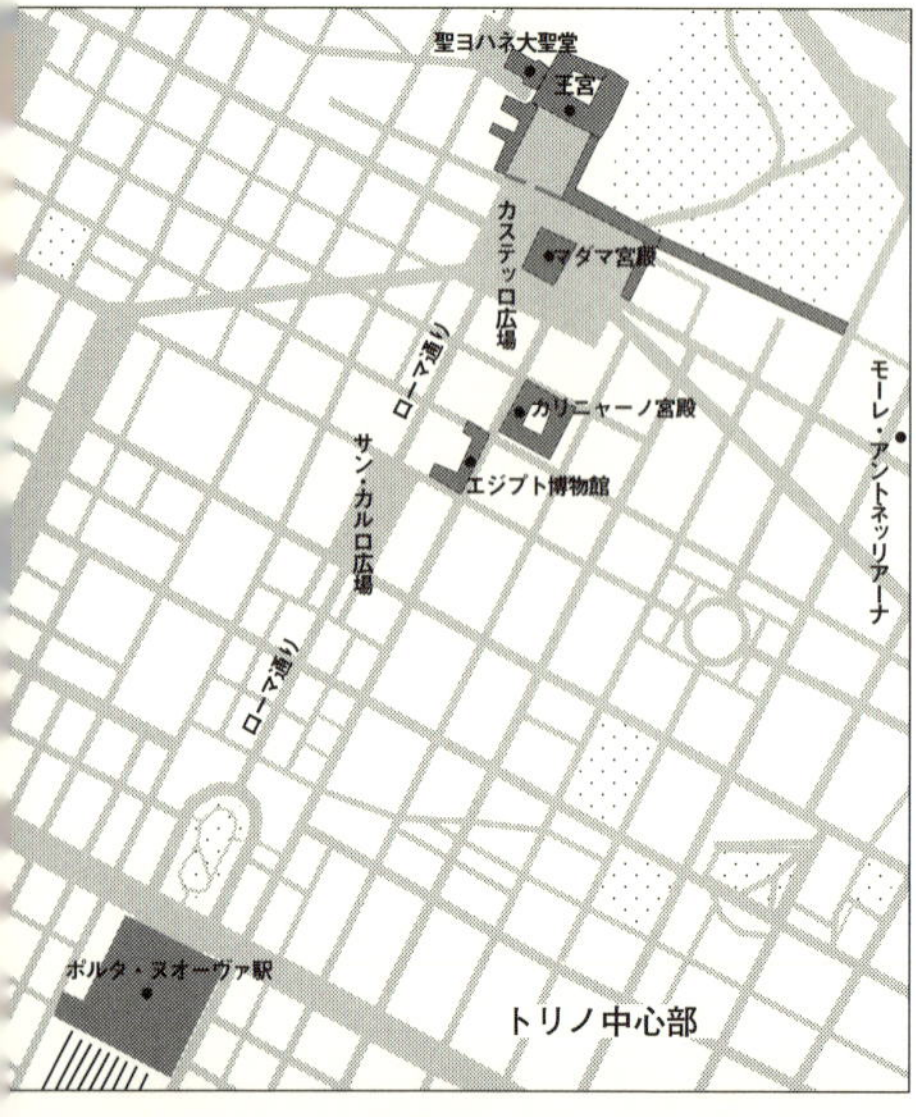

トリノ中心部

イタリア王国の最初の首都であったトリノは、イタリア第4の大都市である。また、自動車メーカー、フィアットが本社を置く自動車産業の町でもある。

フランスの名門貴族でもあったサヴォイア家が長い間統治したトリノは、フランスの影響を強く受けており、整然とした美しい町だ。駅から王宮まで延びるローマ通りや町の主要な通りには美しいアーケード[※1]が続いている。サヴォイア家の人たちが散歩するとき雨に濡れないために造られたらしい。

初代イタリア王となったヴィットリオ・エマヌエーレ2世は1820年にカリニャーノ宮殿[※2]で生まれた。カリニャーノ宮殿や王宮前のカステッロ広場[※3]にあるマダマ宮殿は増築されたときに、異なる建築様式[※4]が使われた。そのため、正面からの姿と裏側の姿が全く違う建物に見えるので、建築物を見るだけでもおもしろい。

ドゥオーモ（聖ヨハネ大聖堂）には、真偽のほどは分らないが、処刑直後のキリストの体を包んだという聖骸布《せいがいふ》がある。実物を見ることはできないが聖骸布博物館にレプリカが展示されているので、興味がある人は訪ねてみてほしい。

その他、カイロの博物館に次ぐ規模を誇るエジプト博物館がある。主なみどころがほとんど徒歩圏内にあるので、ミラノからの日帰り観光にはちょうどいい。

また、サヴォイア家の狩りの宮殿であったストゥピニージ宮殿など、トリノ周辺にはサヴォイア家の居城が散らばっていて、「サヴォイア王家の宮殿群」として世界遺産に登録されている。

マダマ宮殿
© Alberto Masnovo/shuterstock

※1＝4頁⑥の写真、※2＝4頁⑦の写真、※3＝4頁④の写真、※4＝4頁⑤の写真

ヴェローナ

ヴェローナ（Verona）はミラノから１５２キロ、ヴェネチアからは１１５キロのところにある。

観光バスは、ミラノから約2時間半、高速道路を走ってヴェローナに入ってきた。

バスは市の門の一つヌオーヴァ門の横を通る。門の中央部は１５３５年に造られたが、両翼のアーチは後にオーストリアに支配されていた時代に拡張された。

城壁の残るパッローネ通りで、現地ガイドがバスに乗ってきた。町を流れるアディジェ川沿いのサン・フェルモ・マッジョーレ教会のそばでバスを降りて徒歩での観光が始まった。

アディジェ川は、イタリアからオーストリアへ抜けるブレンナー峠辺りに源を発し、アドリア海へと注いでいる。全長は４０９キロ、イタリアでは2番目に長い川である。

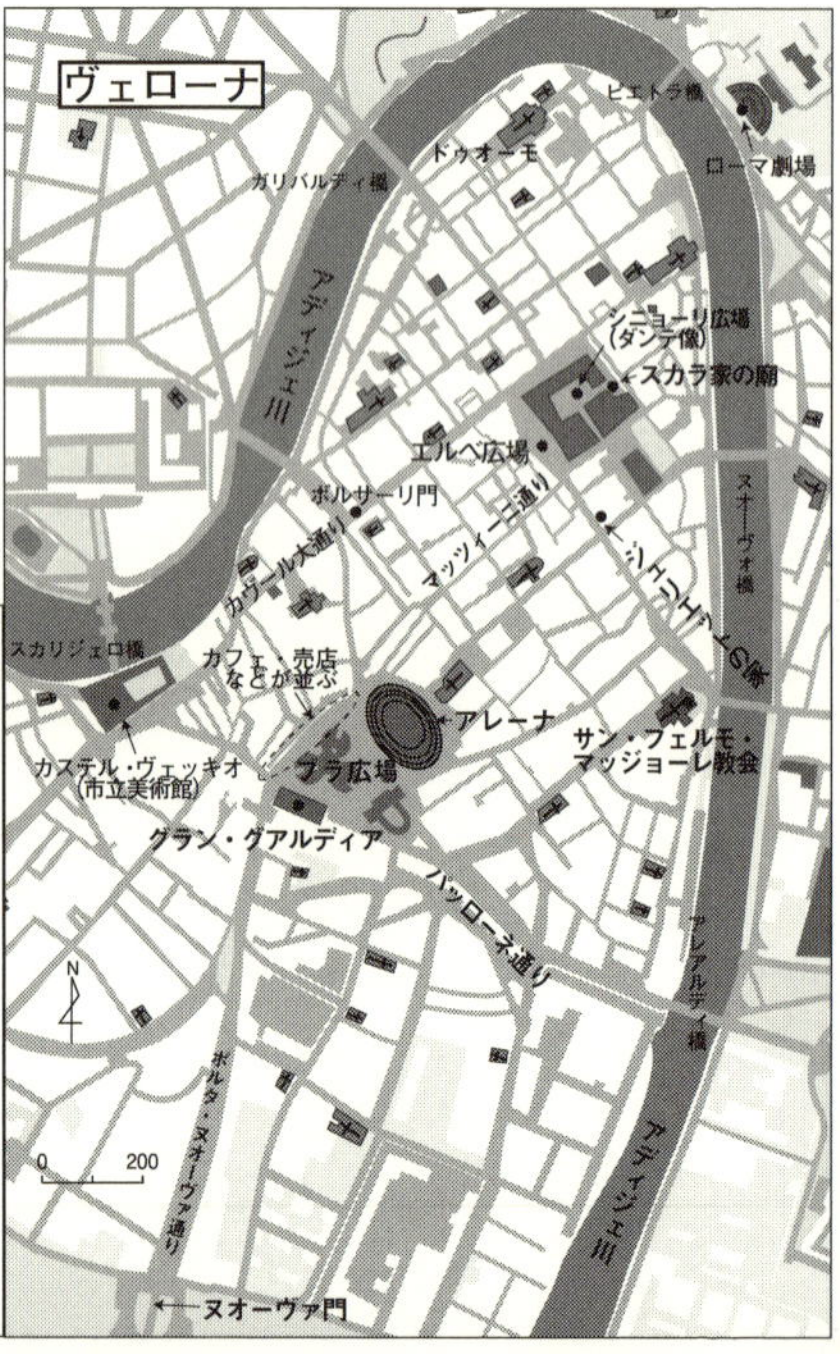

（スカラ家の廟）

まず、ミラノの「スカラ座」の名前の由来であるヴェローナのスカラ家の廟を見学した。

ミラノ公国をヴィスコンティ家が支配していた13世紀から14世紀にかけて、ヴェローナはスカラ家が支配していた。１２６０年から１３８７年にヴェローナを支配したスカラ家が、住居（宮殿）と教会の間に廟、つまり墓地を造った。教会はサンタマリア・アンティカ教会、12世紀に建てられたロマネスク様式の教会である。

廟は鉄柵で囲まれている。柵には階段を形どったスカラ家の紋章が彫りこまれている。イタリア語で階段のことをScala（スカラ）と言う。エスカレーターという言葉もスカラに由来している。

教会の入口の脇にあるのがマスティーノ2世の墓で、その奥のレース編みのような美しい塔で飾られた墓はカンシニョリオのものである。

教会の2階部分の扉をくりぬいて置かれている柩は[※1]、１３１１年から１３２９年の間ヴェローナを支配していたカングランデ1世のものである。

※1＝5頁②の写真

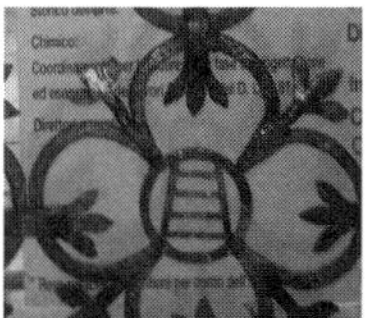

柵のスカラ家紋章

スカラ家の廟

※1＝5頁⑤の写真、※2＝5頁④の写真、※3＝5頁③の写真、

（シニョーリ広場とエルベ広場）

スカラ家の廟から歩いてすぐのところにある広場がシニョーリ広場だ。

今から2000年以上も昔のローマ時代には、シニョーリ広場とすぐ近くのエルベ広場は一つになっていて、ローマ時代の集会所フォルム（フォロ）だった。「シニョーリ」というのは、紳士、貴族というような意味。ヴェローナが都市国家であった時代には、政治の中心だった場所である。

「広場の周囲には12世紀から16世紀にかけて建てられた建物があります。一番古い建物はレンガと石でできた塔のある建物で、12世紀に市庁舎[※1]として使われていました。高い塔は『ランベルティの塔』[※2]と呼ばれていて83メートルの高さがあります。13世紀のスカラ家の宮殿は『カングランデ館』[※3]と呼ばれ、現在では県庁舎として使われています。ヴェローナは人口26万人ほどで、ヴェネト州ヴェローナ県の県庁所在地となっています。広場のまん中にある像は、『神曲』を書いたダンテの像です」

「神曲」は、長編叙事詩であり、原題は「La Divina Commedia（ラ・ディヴィーナ・コメディア）」と言い、イタリア文学最大の古典とされている。

ダンテは13世紀から14世紀の詩人、そして政治家でもあった。神曲が書かれたのは14世紀。神曲が書かれた言葉は、当時使われていたラテン語ではなく、トスカーナの方言だった。

「ダンテはフィレンツェの出身ですが、政治的な理由で亡命し、スカラ家の保護の下、ヴェローナで

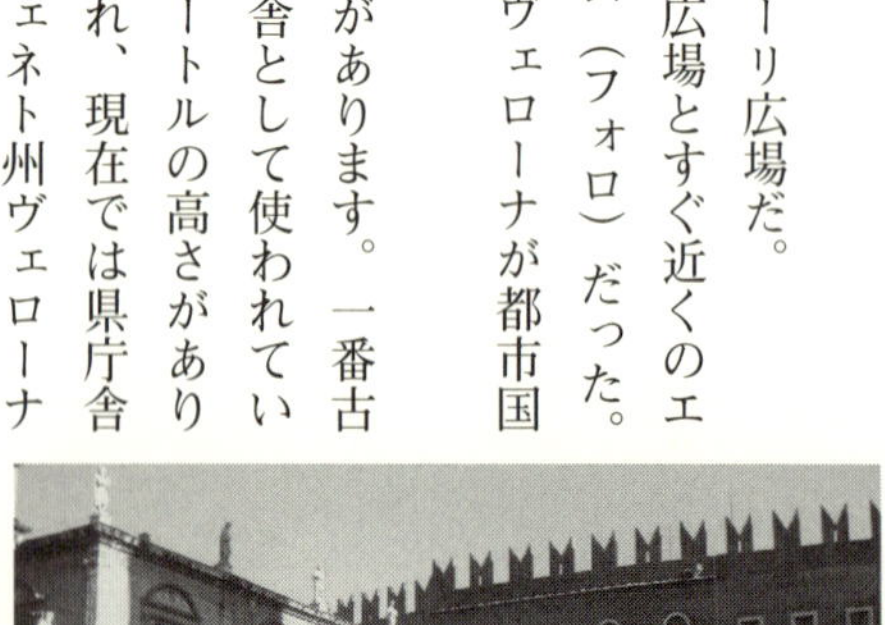

シニョーリ広場、中央にダンテの像

生活しました」

もう一つの「エルベ広場」[※1]は商業地として栄えた。今でもみやげ物屋や花屋、肉屋などの市がでている。エルベとは、英語のハーブに当たる言葉で、かつてはここでは野菜だけが売られていたのだ。広場の周囲の建物は、14世紀から17世紀にかけて建てられたものである。広場の端の方に「翼を持つライオン」の像がある。翼を持つライオンはヴェネチアの紋章である。「ヴェローナは、13世紀から14世紀にはスカラ家の支配下にありましたが、1405年から1797年のナポレオンがやってくるまでの400年ほどはヴェネチア共和国の支配下にありました」

（ジュリエットの家）

ヴェローナは、シェイクスピアの戯曲「ロミオとジュリエット」の舞台でもある。

物語は、仲が悪い家同士の息子と娘が恋に落ちてしまう悲劇であるが、その背景となったのが、13世紀から14世紀の都市国家時代の北イタリア社会であった。

11世紀から、神聖ローマ皇帝とローマ教皇との間で、司教や僧正の叙任権争いを初めとする権力の争いが続いていた。一度は治まったものの、1239年に皇帝フリードリヒ2世（シチリア王としてはフェデリコ1世。フェデリコ2

※1＝5頁⑦の写真

ジュリエットの家

世とも呼ばれる）が、ロンバルディア同盟のパドヴァ、ヴィチェンツァ、トレントを征服したことで、教皇領を包囲する形となり、ローマ教皇グレゴリウス９世に脅威を与えた。それにより、教皇は皇帝を反キリストであると非難して破門し、戦争になった。

以来、北イタリアの支配層は教皇派と皇帝派に分かれて、ことあるごとに争っていた。ヴェローナは教皇派の町であったが、13世紀以降は皇帝派に付いていた。

ロミオのモンテッキ家は皇帝派、ジュリエットのキャピレット家は教皇派で家同士は仲が悪かった。しかし、舞踏会で２人は恋に落ちてしまう。フランチェスコ会の修道士ローレンスを通して２人だけの結婚式を挙げ、ジュリエットは薬で仮死状態になっている間にローレンスが両親に結婚を許してもらえるよう計画を立てる。しかし、ロミオへの伝達がうまくいかず、ジュリエットが本当に死んでしまったと思い、毒を飲んで命を絶つ。仮死状態から目が覚めたジュリエットは、傍らでロミオが死んでいるのを嘆いて、ロミオの短剣を使って自ら命を絶ってしまう。

ジュリエットの家といわれる館は、キャピレット家のモデルとなったカプレッティ家の館だといわれている。13世紀に造られた建物で、その後何度も修復されている。中庭の一番奥にジュリエットのブロンズ像があり、その前でたくさんの人が写真を撮っている。

「このジュリエットの胸に触って写真を撮ると幸せな結婚ができます」

ジュリエットの像

とガイドが説明した。以前訪れた時のガイドは「一年以内に結婚ができます」と説明したので、若い[※1]女性はみんなジュリエットの胸に触っていた。大勢の人が右胸に触るので、その部分だけが光り輝いている。

ジュリエットがロミオを待ち受けたバルコニーに上がることができる。ただし有料である。

中庭の入口の上の部分に帽子のマークがあるが、これはカプレッティ家の紋章である。ツバのない帽子を英語でキャップと言うが、カプレッティと語源は同じである。

中庭に入る途中の壁の落書き[※2]には、多くの人が驚く。壁一面にカップル二人の名前、つまり相合傘が書き込まれているのだ。日本人の名前もある。

ツアーの参加者に、ロミオの家はないのかとよく聞かれるのだが、ロミオの家のモデル、モンテッキ家といわれている建物は、スカラ家の廟に行く手前の通り沿いにある。

しかし、周囲の建物と変わらないので、ガイドに案内してもらわなければ分からない。普通は観光コースには入っていないし、一般公開もされていない。

（円形闘技場＝アレーナ）

ジュリエットの家から円形闘技場のあるブラ広場までは、たくさんのおしゃれなブティックが立ち並んでいる。

円形闘技場を見れば、ヴェローナがローマ時代から発展していたということが分かる。ローマ時代

※1＝6頁③の写真、※2＝6頁④の写真

にヴェローナが繁栄したわけは、この地が交通の要衝だったからである。

ローマは国全体に街道を張り巡らしたが、ヴェローナは、ローマと北方（アルプス）、および、東方の属州への街道が交わる地点だった。

ローマの円形闘技場は「コロッセオ」だが、ヴェローナでは「アレーナ」と呼ばれている。アレーナは砂を意味する。コロッセオに比べると規模は小さいが、保存状態はいい。アレーナは1世紀に造られ、2万5千人の観客を収容できた。ローマの初代皇帝アウグストゥス皇帝の時代である。

「アレーナ」では、夏の間だけ、野外オペラが上演されている。公演は暗くなってから（6、7月は夜9時15分の開演）となる。終わるのは12時から1時になるようだ。ヴェローナにはホテルが少ないので、別の町に泊まってオペラだけ見に来る人が多い。オペラが終わった後、夜中にホテルに帰って行くようだ。

※1 ブラ広場からパッローネ通りへいくとき右手に見える建物は、17世紀に建てられた「グラン・グアルディア」で、軍事用に使われた。現在は会議などに使われている。

※1＝6頁⑥の写真

アレーナ

ヴェネチア

サンマルコ広場へ

ヴェネチア（Venezia）は、入り江の中の島の上にある。イタリア本土からヴェネチアに行くには、リベルタ橋を渡ることになる。

１８４６年に本土とヴェネチアを結ぶこの橋ができ、鉄道が敷かれた。リベルタ橋は、オーストリア人がヴェネチアとミラノを結ぶためにかけたものである。その後、１９３３年にムッソリーニによって道路橋が開通した。その頃はリットリオ橋と呼ばれていたが、戦後、名称をリベルタ橋に改めた。リベルタ（libertà）とは自由という意味で、英語では liberty に相当する。

リベルタ橋の手前の本土側にはメストレ地区（Mestre）と呼ばれる町があり、たくさんのホテルや飲食店、住宅、商店などが並んでいる。大型観光バスも横付けできるので、一般的なツアーではこの地区のホテルに泊まることが多い。本島より物価も安いので、若い人がたくさん暮らしている。

ヴェネチア本島へとバスはリベルタ橋を渡る

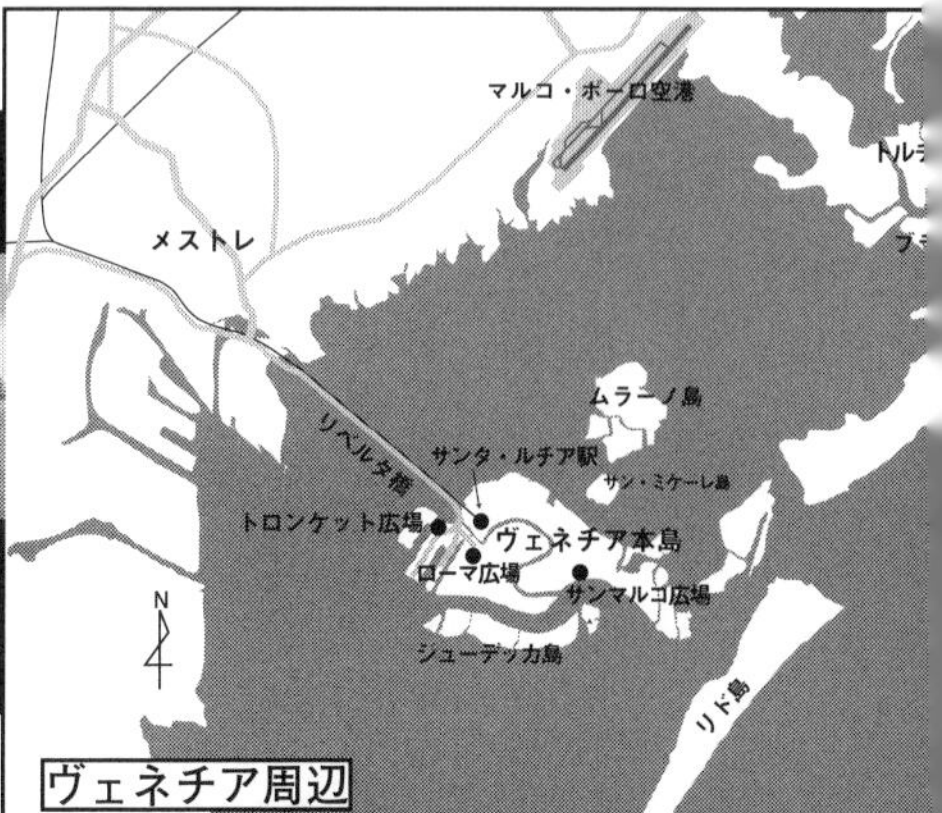

ヴェネチア周辺

ヴェネチア市街には車での乗り入れができない。交通手段は、徒歩か水上バス[※1]（ヴァポレット）である。ヴェネチアでは運河が道路にあたる。

※1＝10頁⑤の写真

他に、モーターボートもあるが、これは陸上での自動車に相当し、免許が必要だ。マイカー（マイモーターボート）かタクシー（貸し切りモーターボート）として使われている。

観光バスはリベルタ橋を渡って「トロンケット広場」という場所まで乗り入れる。そこから貸し切りモーターボートに乗り換えてサンマルコ広場へ向かうことになる。

ボートの運転席にはカーナビが付いているものもある。ヴェネチアではモーターボートが自動車と同じだということを本当に実感できた。

本島内のホテルに宿泊するツアーなら、貸し切りボートが各ホテルに横付けされる。本島内のホテルには、通常の入口の他にボート専用の入口がある。

ちなみに、現在は、トロンケット広場やローマ広場まで橋を通って車で乗り入れることができるが、19世紀までは、30キロ以上西にあるパドヴァから船で川を下ってヴェネチアまで渡っていた。

個人でトロンケット広場からサンマルコ広場方面やリアルト橋へ行く場合は、水上バス（ヴァポレット）の2番に乗るといい。

本島内ホテルのボート専用の入口

貸し切りモーターボート

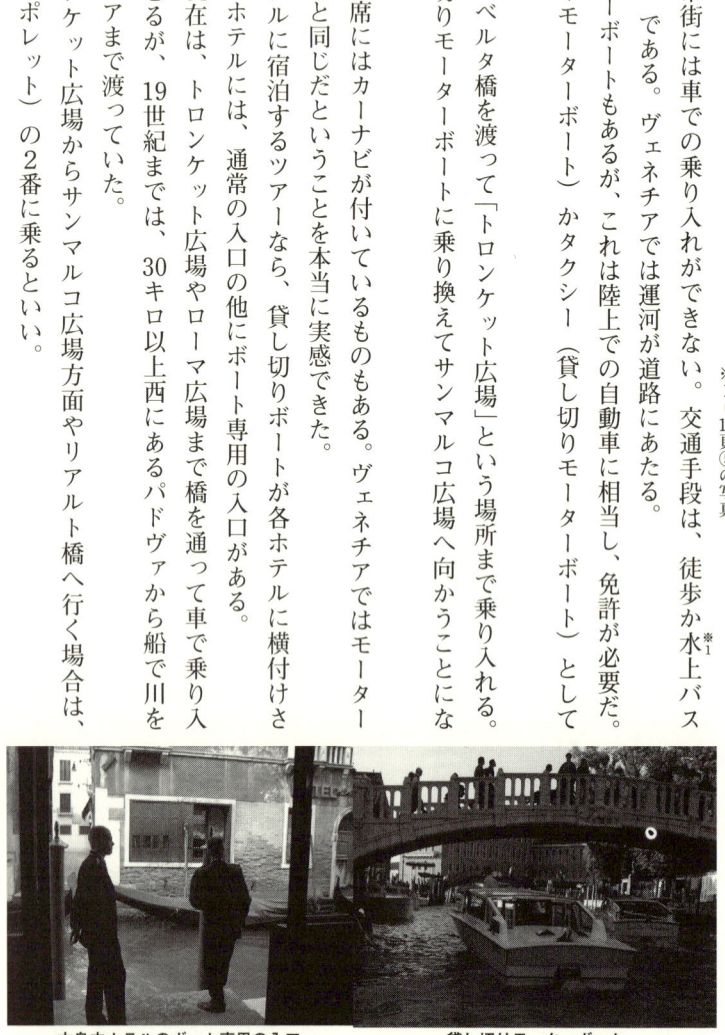

ヴェネチアの鉄道駅は「サンタ・ルチア駅」[※1]と呼ばれている。ナポリの港「サンタ・ルチア港」と同じ名前で紛らわしい。

「なぜ、駅名がサンタ・ルチアなんですか」と聞かれることがあるが、その理由は、駅のある場所に、もともとサンタ・ルチア教会が建っていたからである。1861年、駅建設のために教会は取り壊された。

個人旅行なら、ミラノの中央駅から列車でサンタ・ルチア駅まで来ることもできる。ミラノ、ヴェネチア間はユーロスターで2時間40分程度。ミラノからの日帰り観光も可能である。

ヴェネチアを舞台にした芸術作品は多い。古くは、シェイクスピアの「ヴェニスの商人」やトーマス・マンの「ヴェニスに死す」、これはヴィスコンティによる映画化もされている。舞台となった「リド島」は、ヴェネチア映画祭

※1＝10頁③の写真

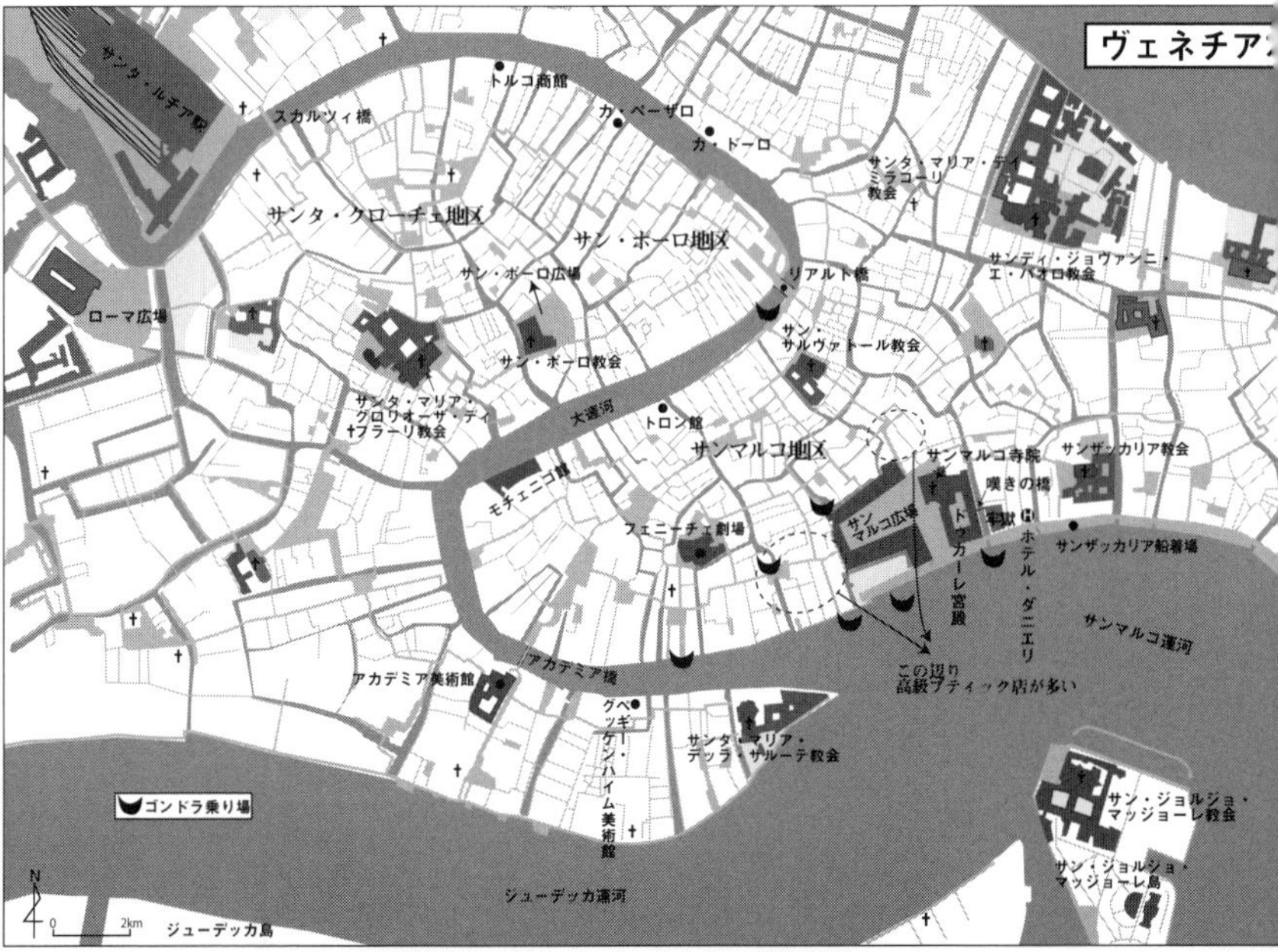

が開催されるところだ。アメリカ映画では少し古いが、キャサリン・ヘップバーン主演の「旅情」（原題は「サマータイム」）がヴェネチアの情景をよく描いている。

ちなみに、「ヴェネチア」はイタリア語読み、「ヴェニス」というのは英語読みである。今回のツアーのパンフレットには、「ヴェネチア」と書いてある。

ツアーに参加した人が、「ガイドブック」のどこを探しても、ヴェニスが見つからない」と言うので、そのガイドブックをみると、「ヴェニス観光」「ヴェネチア」あるいは「ヴェネツィア」という表記になっていた。本書では、小説の邦訳タイトル以外は、イタリア式に「ヴェネチア」と呼ぶことにしたい。

貸し切りモーターボートに乗船すると、20分程度でサンマルコ広場のそばの船着き場に到着する。ここがヴェネチアの表玄関である。これから、ガイド付きの市内観光が始まる。

ヴェネチアの歴史

ヴェネチアが観光地として人気があるのは、縦横に張り巡らされた運河のおかげだ。ゴンドラに乗って古い街のたたずまいを眺めながらロマンチックな気分に浸れる。

しかし、最初にこの島に渡った人々は、生きるために運河を造った。それが何百年も経って観光地となった。観光のためにディズニーシーやハウステンボスを造るのとは訳が違う。

ヴェネチアの誕生は、都市国家成立前の5世紀、ローマ時代末期まで溯ることができる。

5世紀になるとゲルマン系の蛮族がヨーロッパ北部から侵入してきた。蛮族相手ではローマの常識が通用しない。命を守るためには、逃げるしかなかった。この辺りは平野ばかりで山がない。そこで、海上の島へ逃げることにした。島といってもラグーナ（干潟）なので、満潮時に海に沈んでしまうこともある。そんなところに食糧や水、衣類、材木などを船に積み込んで避難することになった。湿地の干潟という住み心地の悪さよりも、蛮族から逃れる安全性を優先したのである。

アッティラ大王が率いる「フン族」が北イタリアに侵入した452年から、200年にも亘ってラグーナへの移住が行われた。

町づくりの基礎は、粘土と砂のカラント層に木（から松）の杭を打ち込み、その上に板を並べ、石を積み上げて建物の土台にした（木は石炭のように鉱化する）。石は、海水に強いイストリア産の石を使い、その上に建造物を建てた。その後、運河を造って水を通した。洪水を防ぐためである。

生活用水を確保するためにポンプ式の井戸もつくった。井戸は、地下が貯水槽のようになっており、海水ではなく雨水をためてポンプで汲み上げ、飲料水として利用する。

海の上では農業はできないので、魚をとって船で本土へ運び、交易を行った。交易の品目が増えてくると、船を使って人や物の輸送を引き受けるようになった。

小型船から始まった交易も、大型船による海上進出を果たすようになり、東地中海から黒海まで出かけて行った。

コンスタンチノープル（現在のトルコのイスタンブール）をベースに、シリアやエジプトへも商売に出かけた。ヴェネチア船の運ぶ輸出品は木材、毛織物、金属類、ガラス、石鹸で、輸入品は香料、小麦、ワイン、砂糖、綿花、宝石、貴金属などであった。

あとで見学するサンマルコ寺院ではビザンチンモザイクがたくさん使われているが、ビザンチン（つまりコンスタンチノープル）の影響を受けている。

ヴェネチアはこのように海運国として発展し、やがて共和国となった。

ヴェネチア共和国では、政府の最高責任者となるドージェが選ばれた。ドージェは日本語では元首、統領などと訳されているが、本書ではそのまま「ドージェ」という言葉を使う。日本語のガイドもたいていドージェと案内している。

ドージェは選挙によって選ばれた。697年に初めて住民投票があり、ドージェが選出され、それから約1100年の間で120人のドージェが入れ替わりヴェネチア共和国を支配した。

これから、ドゥカーレ宮殿の前でガイドと合流して観光が始まるので、続きは見学をしながらお話ししよう。

〈ドゥカーレ宮殿とため息の橋〉

「ドゥカーレ宮殿はドージェの官邸です。共和国政庁でもありましたので、日本でいうところの首相官邸と国会議事堂を合わせたようなものです。それに、裁判所と監獄まで兼ねていました」

もともと牢獄はドゥカーレ宮殿内にあったが、手狭になったので、1589年から1614年にかけて運河を挟んだ東側に新しく建設された。

「完成前の1602年に、ドゥカーレ宮殿と新しい牢獄の建物とをつなぐための渡り廊下が造られました。囚人がこの橋を渡りながら牢獄へと行くときに、外の景色を見てため息をついたということから、後にこの橋のことを『ため息の橋』[※1]と呼ぶようになりました。嘆きの橋ともいわれます」

　ドゥカーレ宮殿（Palazzo Ducale）は、もともと814年にドージェの城として建てられたときには、要塞のようであった。たびたび火災に遭ったため、1172年に邸館タイプの建物となった。さらに14世紀にも増築が行われ、15世紀半ばにほぼ現在の姿となった。

「現在の見学の入口は海側にあります。中に入ると中庭[※2]があり、井戸があります。階段を上ると、2階は回廊となっており、そこから「黄金の階段」[※3]と呼ばれる美しい階段を上ります。ドゥカーレ宮殿は、ヴェネチア美術の宝庫でもあります。16世紀の画家ティチアーノ、ティントレット、ヴェロネーゼなどヴェネチア派の画家によって描かれた大作を見ることができます。中でも一番すごいのは、大評議会の間（大会議室）にあるティントレットの「天国」でしょうか。実は、1474年にベッリーニやティチアーノ、ティントレット、ヴェロネーゼらによる壁画が完成していたのですが、1577年にドゥカーレ宮殿は、火災に遭い、すべて焼失してしまいました。その後、ティントレットとヴェロネーゼ

ドゥカーレ宮殿

※1＝7頁⑥の写真、※2＝7頁②の写真、※3＝7頁④の写真

※1＝7頁③の写真

を中心にもう一度描かれることになったのですが、ヴェロネーゼが1588年に亡くなったので、ティントレットが描くことになったのです（1588年～1592年）。幅22メートル高さ7メートルの大きな絵です」

同じ部屋の天井は、ヴェロネーゼの「ヴェネチアの栄光」という円い絵を中心に多くの絵画で埋め尽くされている。また、壁の上の方には、ドージェの肖像画が並んでいる。ティントレットの弟子によって描かれた。一か所だけ、肖像画の代わりに黒い幕で塗りつぶされた部分がある。14世紀のドージェ、マリーノ・ファリエルの肖像画があるべき場所だが、彼は反政府陰謀の裏切り者として1355年に斬首された。この時、ドゥカーレ宮殿の首席建築家であったフィリッポ・カレンダリオも、この陰謀に加わったかどで ドゥカーレ宮殿の窓で絞首刑になった。カレンダリオは、大運河（海）側のファサードを設計したとされている。また、角の柱の彫刻も彼が造った。

また他にも、謁見の間にあるヴェロネーゼの「レパントの海戦の勝利を感謝するヴェニエル総督」や、謁見控えの間では、ヴェロネーゼの「エウロぺの略奪」、ティントレットの「アリアドネの発見」、十人委員会の間では、ヴェロネーゼの天井画「老いと若さ」、4つの扉の間では、ティチアーノの「祈りをささげるグリマーニ総督」などすばらしい絵画も見られ、宮殿でありながら、美術館のようでもある。

内部見学は、宮殿からため息の橋を渡って、牢獄にも行ける。

見学の出口近くには、「巨人の階段」※1と呼ばれる15世紀に造られた白い大理石の美しい階段がある。階段に向かって左にはマルス、右にはネプチューンの巨人像があり、彫刻家で建築家でもあるサンソヴィーノによって1567年に造られた。

階段から外側出口の、「ポルタ・デ・ラ・カルタ」（布告門）は、後ほど紹介する「カ・ドーロ」の建築に携わった彫刻家バルトロメオ・ボンによって、1438年から1442年にかけて造られた。ヴェネチアのライオンの左側にひざまずいているのが、当時の元首フランチェスコ・フォスカリである。

ヴェネチア共和国はドージェ、ピエトロ・オルセオロの時代（1000年）、アドリア海沿岸の海賊を撃退して、ダルマチア地方（現在のクロアチア）を併合した。「クロアチア・スロベニア世界遺産と歴史の旅」でもヴェネチアについて触れているが、ヴェネチアは長年にわたってアドリア海の制覇権を握っていた。

1405年にはヴェローナやパドヴァなど、ミラノを除く北イタリアの都市を支配下に置くことになる。この時代のヴェネチアは人口も15万人を数え、政治的にも安定して平和な時代でもあった。

7世紀から1100年も続いたヴェネチア共和国は、1797年のナポレオンの侵入により幕を閉じた。

ドゥカーレ宮殿の近く（東側）に、ホテル・ダニエリ[※1]がある。ここは、ヴェネチア共和国時代の迎賓館だ。かつてはゲーテも泊まったことがある。ゲーテはナポレオンに占領される11年前、ヴェネチア共和国の時代に訪れている。

※1＝9頁⑤の写真

19世紀には、フランスの作家ジョルジュ・サンドもホテル・ダニエリに泊まっている。

運河沿いにある多くのホテルはもともと、大商人たちの邸宅であった。船から荷を上げ下ろしするのに便利な場所にあったのだ。しかし、ナポレオンの後、19世紀にはオーストリアによって支配され、もはや商人たちは運河沿いに拠点を持つ必要がなくなったため、ホテルに転身した。

〈サンマルコ寺院〉

ドゥカーレ宮殿の入口（海側）近くの広場には、2本の円柱が立っている。

「この2本の柱の上にはヴェネチアの守護聖人の像が立っています。1つはかつての守護聖人テオドール、もう一つ、ライオンの像は聖マルコを表しています」

「サンマルコ」とは「聖マルコ」のことだが、マルコは、イエスキリストの生涯を書いた新約聖書の4人の書記の中の一人である。マルコの福音書は西暦50年ごろに書かれた。

828年のこと、2人の商人がエジプトのアレキサンドリアから聖マルコの遺骸を運んできた。ヴェネチアは海運国として発展し、多くの商人が地中海を渡ってシリアやエジプトへと出かけていた。ただ、当時のエジプトはすでにイスラム教徒の国であった。

エジプトを訪れた2人の商人が現地で目にしたのは、イスラム教徒が少数のキリスト教徒に武器を

ドゥカーレ宮殿前の２本の柱

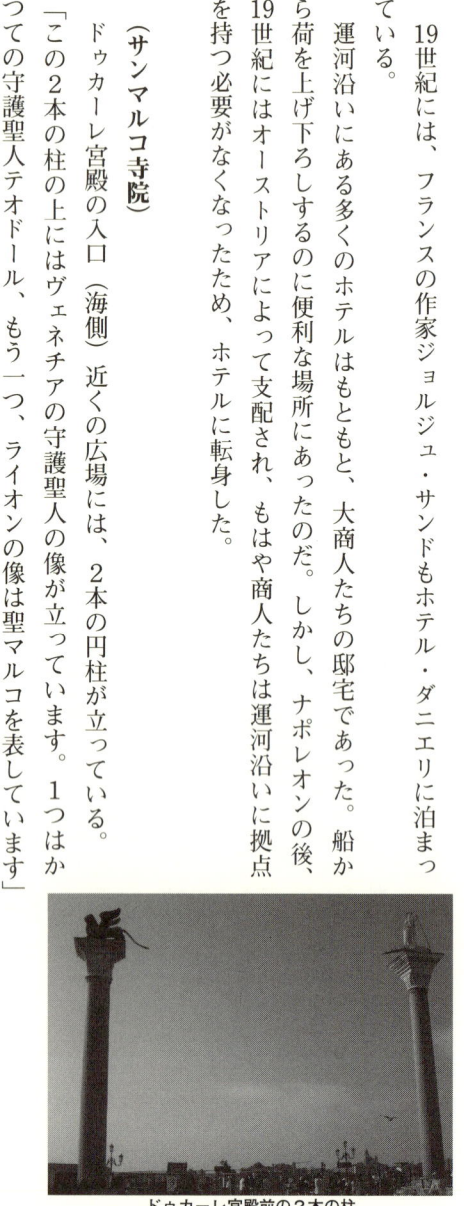

振り回す光景だった。

2人は、ある僧院へ品物を持って行くことになっていたのだが、行ってみると、そこは聖マルコの遺体が祀ってあるところだった。聖マルコは西暦68年にアレキサンドリアで殉教したのである。遺体はイスラムのカリフに略奪される危険性があった。そこで、2人の商人は、ヴェネチアなら安全なのでマルコの遺体を売ってほしいと頼んだ。僧たちは、最初は反対していたが、最終的に交渉は成立し、ヴェネチア共和国へ福音書記マルコの遺骸を持ち帰ることになった（盗んできたという説もある）。

それまで、ヴェネチアの守護聖人は、ギリシャ出身の聖テオドーロだった。聖人にもランクがあるらしく、キリストの12人の使徒や4人の福音書記は一流ランクに入るといわれる。聖テオドーロは格下げされ、一流であるマルコがヴェネチアの守護聖人となった。

福音書には、それぞれシンボルマークがある。マルコのシンボルは翼のあるライオンであり、それがヴェネチア共和国の国旗となった。

「サンマルコ寺院は、聖マルコを祀るために建てられました。当初の建物は10世紀に焼失したので、1063年から1094年にかけて建て直しが行われました。サンマルコ寺院は、ドゥカーレ宮殿に付属する元首の宮廷礼拝堂でした。では教会の正面入口に参りましょう。その前に、教会前の塔は鐘楼です。多く

サンマルコ寺院

の人が並んでいますが、エレベーターで上の展望台まで上れるようになっていますので、フリータイムの時にぜひ上ってみてください。今日はお天気がいいので、最高ですよ。サンマルコ寺院や広場を上から見下ろすことができます」

鐘楼は98メートルの高さで、1514年には今のような姿で建てられた。しかし、1902年に突然崩れ落ちてしまい、再建された（1912年）。

サンマルコ寺院（Basilica di San Marco）は5つのクーポラ（円蓋）を持つギリシャ十字式（十字の縦横の長さが同じ）の教会である。正面入口は、ビザンチン・モザイクで飾られている。

中心の上に立つのは聖マルコ像で、その下には翼を持つライオンの像、2階のバルコニーには青銅の4頭の馬の像がある。これはレプリカで、オリジナルは内部（2階の博物館、有料）にある。1204年の第四次十字軍遠征でヴェネチアはコンスタンチノープル（今のトルコ、イスタンブール）を占領し、多くの財宝や美術品を略奪した。この青銅の馬もそのうちの一つであった。

「1階のアーチの扉の上には、[※1]モザイクで聖マルコの遺体がヴェネチアに来たいきさつが右から左へと表されています。右の方から、2人の商人が聖マルコの遺体を運び出す場面で、遺体の入った籠にイスラム教徒が嫌う豚の顔をかぶせて運んでいるところが描かれています。続いて、『聖マルコのヴェネチア到着』、正面入口の左側には、『聖マルコの遺体をドージェが引き取る』場面、『聖マルコの遺体を教会へ運ぶ』場面が表されています」

教会内部のモザイクは大変きらびやかで、ビザンチンとヴェネチアの職人が12世紀から主に14世紀

※1＝8頁③の写真

にかけて作ったものである。１１０６年の火災で大部分が失われてしまい、12世紀の後半から再びモザイクが施された。内部は天井から床までモザイクで埋め尽くされている。床を覆うモザイクは大理石やメノウが使われていて、古いものでは12世紀のものが残っている。

突き当りの主祭壇の裏には、パラ・ドーロ（黄金の聖壇の飾り）と呼ばれるサンマルコ寺院最大の宝物がある。コンスタンチノープルで10世紀から14世紀にかけて作られたもので、エメラルドやルビー、七宝といった宝石で飾られている。

「サンマルコ寺院の前の広場は、サンマルコ広場といいます。このような形の広場になったのは、16世紀のことです。北側にある時計塔は、１５１５年に完成しています。この広場には、一番古いカフェがあります。映画『旅情』にも登場した『カフェ・フローリアン』[※1]です。とても美しいカフェなので、フリータイムの時にゆっくりするのにもいいですよ。また、ヴェネチアは、美術の宝庫でもあります。広場の正面には、『コッレール博物館』があります」

ヴェネチアのフリータイム

ヴェネチアでのガイドの案内は、サンマルコ広場周辺のみの場合が多く、リ

※1＝8頁⑤の写真

鐘楼の上から見たサンマルコ広場

アルト橋の辺りまでは行かないことが多い。フリータイムがあれば、ぜひ、運河の町を自分の足で歩きたいところだ。というよりも、ヴェネチアで自由行動が全くないのはとてもつまらない。

ヴェネチア本島は、行き止まりや迷路のような細い道が多くて迷子になりそうなところだ。私は何度も訪れているのだが、毎回レストランの場所を探すのに苦労している。ツアー参加者がゴンドラ遊覧を楽しんでいる間に会社からもらった地図を見ながら、レストランの場所を確認しに行く。そして、ゴンドラ乗船が終わった人たちを、いかにもよく知っているような顔をしてレストランへと案内する。以前行ったことのあるレストランでさえ、確認しておかなければ不安である。曲がる道を一つ間違えただけでとんでもない方向に行ったり、行き止まりだったりするので、目的地に到着できなくなってしまう。しかし、サンマルコ広場に戻ってくるのは簡単である。サンマルコ寺院を目指して歩いて行けばいいし、途中で道が分からなくなっても、店の人に「サンマルコ」の方向を訊けば戻って来られる。

（リアルト橋とその周辺）

ヴェネチアの政治の中心地は最初、リド島のマラモッコであった。しかし、カール大帝が皇帝になった８００年にフランク王国の攻撃を受け、外海に直接接していない安全なリアルトへと中心を移した。

リアルト橋（Ponte di Rialto）は12世紀に木造の跳ね橋として造られた。しかし、2回の崩壊により、アントニオ・ダ・ポンテによって１５８８年から１５９１年にかけて、石橋として再建された。長さ

48メートルで、橋の上には12のアーチを持つ。大きな船が下を通れるように橋を高くする技術が使われた。

アカデミア美術館に行くとカルパッチョの「リアルト橋の奇跡」（1494年）という絵画があるが、木造時代の橋の絵を見ることができる。

リアルト周辺は、商取引の中心地であった。サン・ジャコモ教会のそばに、かつては銀行や保険会社などがならんでいた。現在は市場やバーがあり、大運河沿いには多くのレストランが並んでいる。

時間があって、もう少し奥まで行けるなら、「カ・ドーロ」[※1]（黄金の館）などかつての貴族の邸宅などを見学してもいい。カ・ドーロは、かつて外壁に金メッキと多彩色の装飾がされていた。ヴェネチアの貴族コンタリーニ家の邸宅として15世紀に建てられた。

また、サンマルコ広場から西方面へと歩くと、フェニーチェ[※2]劇場がある。ミラノのスカラ座、ナポリのサンカルロ劇場と並ぶオペラ劇場で、前身はサン・ベネデット劇場であったが、火災で焼失し、1792年に再建された。火災の灰の中から再生したので、「ラ・フェニーチェ」（不死鳥）と命名された。その後、1836年、1996年にも火災に遭い、2003年に再建された。

さらに西へと進み、大運河にかかるアカデミア[※3]橋を渡ったところには、アカデミア美術館がある。

リアルト橋

※1＝9頁⑦の写真、※2＝9頁④の写真、※3＝10頁⑥の写真

※1＝10頁①の写真、※2＝10頁④の写真、※3＝10頁⑦の写真

もし、本島内のホテルに泊まるツアーで、半日以上のフリータイムがあるなら、サンマルコ広場からリアルト橋を渡って、サンタ・ルチア駅まで歩くのもいいかもしれない。観光客がほとんど通らないサンタ・クローチェ地区の運河沿い[※1]の道を歩いて行くと、ヴェネチアに暮らす人々の普段の生活を垣間見ることができる。

帰りは、1番か2番の水上バス[※2]に乗れば、サンマルコ広場まで戻ってこられる。水上バスの路線は変わることもあるので、行く前にチェックしておいた方が良い。

サンタ・クローチェ地区の運河沿いの道

サンマルコ広場から運河の向こう側に見えるサン・ジョルジョ・マッジョーレ島に渡ってみるのも面白い。

サンザッカリアの船着場から2番の水上バスに乗って対岸に渡ると、島にはサン・ジョルジョ・マッジョーレ教会だけがある。

教会内部の見学は無料だが、できれば鐘楼（有料）に上ってみてほしい。鐘楼[※3]からの180度の眺望はすばらしく、対岸のサン・マルコ寺院など本島はもちろん、隣のジューデッカ島や、遠く、リド島までも見渡すことができる。

フェラーラ、ボローニャ、モデナ

ヴェネチアからフィレンツェへ行くには、ヴェネト州、エミリア・ロマーニャ州を通ってトスカーナ州へと入っていく。ヴェネト州とエミリア・ロマーニャ州とは、ポー川（Po）が州境となっている。ポー川は、アルプス山脈に源を発し、イタリア北部を横断してアドリア海へと注ぐ総延長６５２キロのイタリア最長の川だ。ヨーロッパの中ではそれほど長くはないが、それでも信濃川の倍近くある。流域では米の栽培が行われており、米を使ったリゾットという料理がある。

ポー川を渡ってすぐのところにある「フェラーラ」[※1]（Ferrara）（フェッラーラとも表記）は、ルネッサンス時代に栄えた人口13万人ほどの美しい都市だ。

フェラーラを治めたエステ家によってルネッサンス風に整備された市街がいまも残っており、「ルネッサンス期の市街とポー川デルタ地帯」が、ユネスコの世界遺産に登録されている。

「ボローニャ」（Bologna）は、エミリア・ロマーニャ州の州都であり、ボローニャ自治県の県庁所在地でもある。中規模の都市で人口は37万人程度、ミラノやトリノと並ぶ、経済の町でもある。

イタリア最古、いや、ヨーロッパ最古の大学法学部のある「ボローニャ大学」は、１０８８年に設立された。ダンテや、ガリレオ・ガリレイもここで学んでいる。また、17世紀の天文学者である「ジョ

※1＝11頁①の写真

ヴァンニ・カッシーニ」は、この大学の卒業生である。

ボローニャの西北西38キロには「モデナ」(Modena)の町がある。モデナの見どころである大聖堂は「モデナの大聖堂、トッレ・チヴィカ及びグランデ広場」として世界遺産に登録されている。
「ヴェローナ」のページでも触れたが、中世の北イタリアでは、皇帝派と教皇派(法王派)とが対立する時代が続いた。モデナは、皇帝派の町であった。教皇派のボローニャとは仲が悪く、ボローニャの塔と張り合うために建てられたのが大聖堂に隣接する鐘楼である。高さが86メートルあり「ギルランディーナの塔」(Torre della Ghirlandina)、(塔の風向計についた花冠(ghirlanda)に由来する愛称)、あるいは「トッレ・チヴィカ」(Torre Civica)(市民の塔)と呼ばれている。

元々、1179年に完成したときは、ロマネスク様式の四角柱の塔で、聖ジミニャーノにちなんで「サン・ジミニャーノの塔」と呼ばれていたが、ボローニャとの張り合いで、13世紀から15世紀にかけて、ゴシック様式で上に建て増しされた。しかし、1249年のフォッサルタの戦いでボローニャに敗れ、1288年にモデナはフェラーラのエステ家の手に渡った。

モデナは、レーシングカーで有名な自動車メーカー「フェラーリ」の本拠地でもある。また、バルサミコ酢が有名だ。

モデナの大聖堂とギルランディーナの塔

中央イタリア（フィレンツェとその周辺）

・フィレンツェ歴史地区（1982年）
・トスカーナ地方のメディチ家の別荘と庭園群（2013年）
・ピサのドゥオモ広場（1987年）
・サン・ジミニャーノ歴史地区（1990年）
・シエナ歴史地区（1995年）
・ピエンツァ市街の歴史地区（1996年）
・ポルトヴェネーレ、チンクエ・テッレ及び小島群（1997年）
・アッシジ、聖フランチェスコ聖堂と関連遺跡群（2000年）

フィレンツェ、ドゥオーモ正面

シエナのプブリコ宮殿

塔が林立するサン・ジミニャーノ

フィレンツェ

（ウフィツィ美術館）

フィレンツェ（Firenze）の見学も、旧市街にはバスの乗り入れができないので、アルノ川沿いで下車して、ウフィツィ美術館まで15分から20分くらい歩いた。

美術館内部の絵画については、日本語ガイドが説明してくれる。絵画館は3階にあり、エレベーターでも上れるが、老人や足の不自由な人が優先なので、たいていの人は階段を使う。ヨーロッパでは、日本の1階にあたるところが0階（グランドフロアー）なので、3階は日本での4階に相当する。階段を上り終えたところでチケットを見せる。

ウフィツィ美術館は、ルネッサンス時代のメディチ家コレクションの宝庫である。この建物はもともとメディチ家の事務所（役所）として建てられた。「ウフィツィ（Uffizi）」とは、イタリア語で事務所のことで、英語のオフィスにあたる。

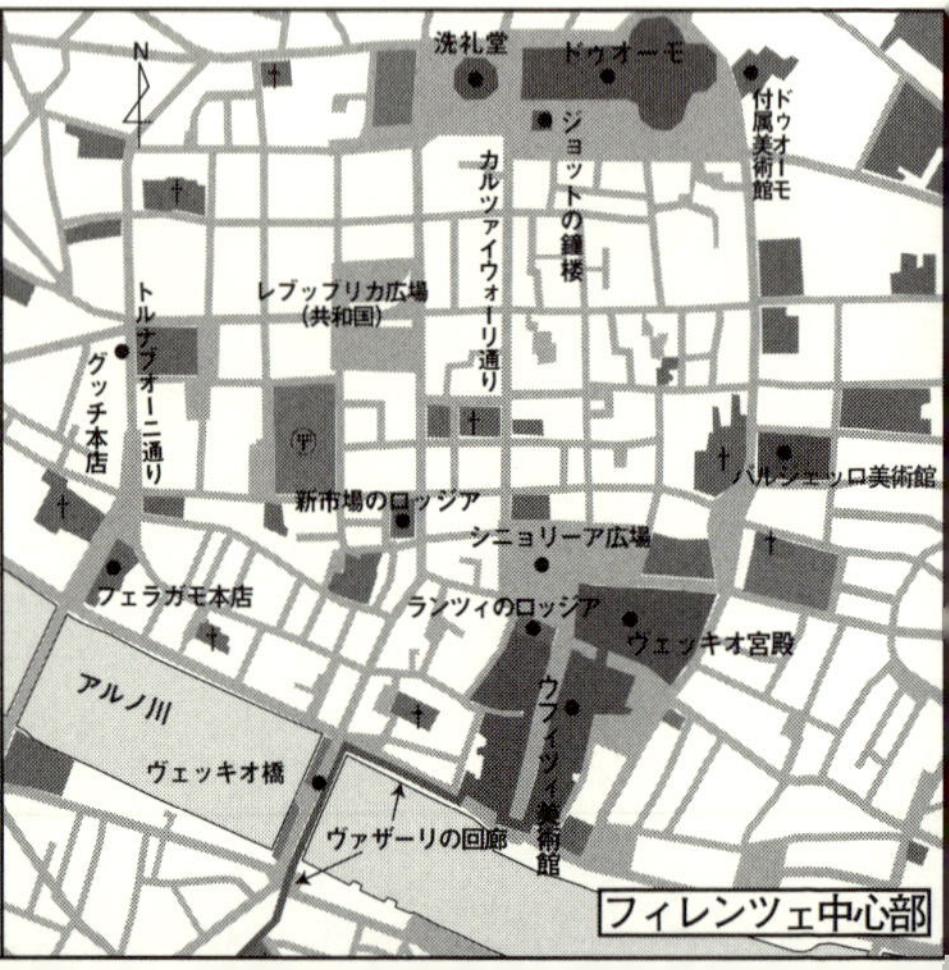

隣にヴェッキオ宮殿という建物があるが、ここが手狭になったため、1560年にメディチ家のコジモ1世が拡張させた。ウフィツィ美術館とヴェッキオ宮殿は渡り廊下でつながっている。[※1]

薬のことをイタリア語でメディチーナ、英語でメディスンというが、それは、メディチ家がもともと薬売りだったことに由来している。

メディチ家は、15世紀には教皇庁の御用銀行となった。当時の銀行と言えば、ヨーロッパで起こる戦争費用の貸し付けまで行っていた。

メディチ家はヨーロッパ各地に支店を開設し、最大の輸出入商社としての地位を築き上げた。その中心人物となったのが、コジモ・デ・メディチ（1389年～1464年）である。彼はコジモ1世とは別人なので混同しないようにしてほしい。

コジモ・デ・メディチは、芸術家を周りに集めて芸術を振興し、孫のロレンツォにそのまま引き継いだ。

彼らの時代に、ボッティチェリやミケランジェロ、ラファエロ、ドナテッロ、そしてフラ・アンジェリコなど、多くのルネッサンス芸術家たちが誕生した。

しかし、1492年にロレンツォが死去し、メディチ家はフィレンツェから一度追放された。そして、追放した修道僧サヴォナローラは、後述するシニョーリア広場で1498年に処刑されている。

1521年にメディチ家のジュリオがローマ教皇クレメンス7世となって、

※1＝12頁④の写真

ウフィツィ美術館

再びメディチ家の統治が復活した。

1570年、コジモ1世がトスカーナ大公になり、トスカーナ地方はトスカーナ公国となった。コジモ1世のもとでウフィツィ美術館が役所として建てられ、次のフランチェスコ1世がこの建物の最上階をメディチ家の収集した芸術品の保存場所にすることに決めた。

繁栄したメディチ家だが、1737年に跡継ぎが絶え、断絶してしまう。

その後、トスカーナ大公国は、オーストリアのハプスブルク家のロートリンゲン公（マリアテレジアの夫）が後を継いだ。マリアテレジアもフィレンツェを訪れている。

最後のメディチ家のアンナ・マリア・ルドヴィカという女性が亡くなる前に「メディチ家がこれまでに収集した美術品をフィレンツェから持ち出さない」という条件付きでトスカーナ公国に贈った。それが現在、ウフィツィ美術館で見ることのできる絵画である。ウフィツィ美術館だけでなく、バルジェッロ美術館やピッティ宮などでもメディチ家のコレクションを見ることができる。美術の好きな人はフリータイムにぜひ訪ねてみてほしい。

ウフィツィ美術館の代表的な作品を挙げると、

フラ・アンジェリコの「聖母戴冠」15世紀前半

ダ・ヴィンチの「受胎告知」1475年頃、「東方三博士の礼拝」1481年頃

ダ・ヴィンチ「受胎告知」

ボッティチェリ「ヴィーナスの誕生」

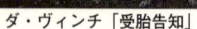

ボッティチェリの「プリマヴェーラ（春）」１４７８年頃、「ヴィーナスの誕生」１４８５年頃
ミケランジェロの「聖家族」１５０４年頃
ラファエロの「ヒワの聖母」１５０５年前後
ティチアーノの「フローラ（花の女神）」１５１５年頃、「ウルビノのヴィーナス」１５３８年頃などであろうか。

ボッティチェリの「ヴィーナスの誕生」やダ・ヴィンチの「受胎告知」など、美術の教科書でお馴染みの絵画の本物を前にして、ツアー参加者の中には「鳥肌が立った」という人もいた。

ウフィツィ美術館内部は、時代順、様式順に展示されていて非常に分かりやすい。

（ヴェッキオ橋とピッティ宮）

ウフィツィ美術館３階回廊の窓からも見ることができる「ヴェッキオ橋」は、「古い橋」（Ponte Vecchio）という意味だ。フィレンツェの街を流れるアルノ川にかかっている最も古い橋だ。ウフィツィ美術館へ入場したときは、せっかくだから、この窓からよく見てほしいところがある。

ヴェッキオ橋の向こう側にピッティ宮という建物がある。そこからウフィツィまでは、橋を越えて、渡り廊下でつながっていることがわかる。これは、「ヴァザーリの回廊」と呼ばれる渡り廊下だ（ヴァザーリは建築家の名前）。

ウフィツィ美術館の窓から見た
ヴァザーリの回廊とヴェッキオ橋

ピッティ宮はピッティという名のフィレンツェの商人が建てたが、16世紀にメディチ家が買い取り、増築して宮殿にした。メディチ家のコジモ1世は、ピッティ宮から橋を渡ってウフィツィに来られるように、渡り廊下を造らせた。つまり、ピッティ宮からヴェッキオ橋経由でウフィツィへ、さらにヴェッキオ宮殿へと、すべて渡り廊下でつながっているのである。

ちなみに「ヴァザーリの回廊」[※1]の内部は、有名な画家の自画像など多くの自画像コレクションが並べられたギャラリーになっている。ただし、いつでも入れるわけではなく、期間限定の完全予約制である。日本からも数は少ないが「ヴァザーリの回廊」の見学を組み込んだツアーを出している旅行会社もあるようだ。

※1＝14頁①の写真

イタリアが1861年にイタリア王国となったとき、ローマはまだ併合されていなかったので、1865年から1870年まではフィレンツェが首都だった。そのとき、ピッティ宮は王宮として使われていた。

現在、ピッティ宮の2階は「パラティーナ美術館」となっており、ティチアーノやラファエロ、ボッティチェリなどの絵画を見ることができる。有名なラファエロの「小椅子の聖母」や「大公の聖母」なども公開されており、ラファエロファンには必見だ。

宮殿にはパラティーナ以外にも18世紀以降のフィレンツェの美術を鑑賞できる近代

ピッティ宮

ラファエロ「小椅子の聖母」

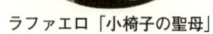

美術館や、磁器博物館、銀器博物館、馬車博物館、衣装美術館など、計7つの美術館、博物館がある。

ピッティ宮の裏側には、「[※1]ボーボリ庭園」(Giardino di Boboli) という広大な庭園が広がっている。コジモ1世が、ピッティ宮に付属する庭園として造らせたといわれ、世界遺産「トスカーナ地方のメディチ家の別荘と庭園」に属しているので、時間があれば、行ってみてほしい。

ヴェッキオ橋は、1345年に建造されたフィレンツェ最古の橋であり、また、第二次世界大戦で焼け残った唯一の橋でもある。

今では橋の上に宝石店や貴金属店が並ぶ美しい通りだが、かつては肉屋が並んでいた。そして、腐った肉やゴミがアルノ川に投げ捨てられていた。

メディチ家のフェルディナンド1世は、ピッティ宮に住んでいたので、この肉の悪臭に耐えられなかった。そこで、1593年に肉市場は撤去され、代わりに宮殿周辺にふさわしい[※2]貴金属店が並ぶことになった。

（シニョーリア広場）

ウフィッツィ美術館北側にある広場「シニョーリア広場」(Piazza della Signoria) は、行政の中心である。フィレンツェは、12世紀の末に独立の都市国家となったが、その時以来ずっと、この広場は政治の中心であり続けた。

※1＝14頁⑥の写真、※2＝14頁③の写真

ヴェッキオ橋
左側店舗の上がヴァザーリの回廊

※1＝12頁④の写真

広場に建つ塔のある建物がヴェッキオ宮殿で、最初は政庁として使われていた。１５４０年から１５６５年にかけてはメディチ家の宮殿であった。そして、メディチ家がピッティ宮に移ってからは、この建物は「ヴェッキオ宮殿」（Palazzo Vecchio）つまり古い宮殿と呼ばれるようになった。

　また、イタリア王国が統一してフィレンツェが首都になった１８６５年から１８７１年にかけては、国会議事堂として使われた。１８７２年から、市役所として使われている。歴史的建造物として、内部を見学することもできる。

「高さ94メートルの塔は、権力のシンボルであり、塔上には24時間見張りがいました」

　ヴェッキオ宮の前に立つミケランジェロのダヴィデ像はレプリカで、本物はアカデミア美術館にある。その右隣りには「ヘラクレスとカクス（ヘラクレスと戦う男）」（１５３４年）の像がある。ガイドが、像の背後に回って壁の一部を指差して、「これは、ミケランジェロの落書き[※1]と呼ばれています」と言った。よく見ると、壁の右から２番目、頭の上くらいの高さの石の表面に、男の横顔が彫りこまれている。

　ヴェッキオ宮の左には、白い巨人「海の神様ネプチューン」の噴水があり、その隣の青銅の騎馬像は、メディチ家の出身で16世紀にトスカーナ公となったコジモ１世である。

シニョーリア広場のヴェッキオ宮殿と（右）ロッジア・デイ・ランツィ

ミケランジェロの落書き

ヴェッキオ宮の向かって右手、たくさん彫刻のある天井付きの建物は、「ロッジア・デイ・ランツィ」(Loggia dei Lanzi) といって、雨をしのぐ集会場所として１３７６年から１３８２年にかけて建設された。今でもシニョーリア広場を観光中に雨が降ると、ガイドはこの中で説明することもある。

ロッジア・デイ・ランツィの中の彫刻群[※1]は16世紀に造られた。一番手前の右手にある彫刻は、「サビナの女たちの略奪」といわれるもので、ジャンボローニャの１５８３年の作品である。もだえ苦しむ人物像には大理石の一枚岩が使われている。「サビナ」とは、紀元前に存在したローマ近郊の町の名前で、ローマによって略奪される。

「この広場は屋根のない美術館です。集合住宅は築６００年、７００年くらいの建物です」

（花の聖母大聖堂＝ドゥオーモ）

フィレンツェの旧市街は碁盤の目になっているので分かりやすい。この辺りはもともと、ローマ人が造ったのである。

シニョーリア広場から、「カルツァイウォーリ通り」(Via dei Calzaiuoli) という商店が立ち並ぶ道を真っすぐ北へ歩いていくと、５分くらいでドゥオーモに着く。

※1＝12頁③の写真

ドゥオーモ（サンタ・マリア・デル・フィオーレ）

フィレンツェのドゥオーモの正式名称は、「Santa Maria del Fiore（サンタ・マリア・デル・フィオーレ）」。日本語では「花の聖母大聖堂」と呼んでいる。

「盆地の町フィレンツェにはユリの花が咲き乱れていました。このドゥオーモはフィレンツェが、聖母マリア様に捧げるためにつくった教会です」

「サンタマリア」は聖母マリアのことで、聖母マリアにささげる教会がイタリアには3000ほどもあるらしい。フィレンツェは、花の都にふさわしく、サンタマリアの後に「フィオーレ（花）」が付いている。イタリアには、サンタ・マリア・デッレ・グラツィエ（ミラノ）や、サンタ・マリア・デッラ・サルーテ（ヴェネチア）など、サンタマリアがつく教会がたくさんある。サンタマリアの後ろに付く名前を覚えておく必要がある。

フィレンツェには他に「サンタ・マリア・ノヴェラ教会」がある。フィレンツェ中央駅のすぐ前にある教会だ。だから、フィレンツェ中央駅のことを、「サンタ・マリア・ノヴェラ駅」と呼んでいる。

ドゥオーモの建設は1296年に始まった。ゴシック様式だが、ミラノのドゥオーモとは趣が異なる。カラフルな建物であるが、これは色が塗ってあるのでなく、全て大理石の自然な色である。「イタリア・カララ産」の白大理石、「プラート産」の緑大理石、「マレンマ産」の赤大理石が使われている。

プラート（Prato）は、フィレンツェから北へ30分ほどのところにある町で、一度フィレンツェの代わりにプラートに泊まったことがある。プラート産の大理石は、プラートの少し北に位置するモンテフェラート（Monteferrato）という地域で採掘される。マレンマは、もう少し西よりで、トスカーナのマレンマワインの産地としても有名な地域である。

このドゥオーモの設計と建築の監督を行ったのは「アルノルフォ・ディ・カンビオ」である。カンビオの建築は1310年ごろ一旦中断され、1357年に、フランチェスコ・タレンティが建設監督を継承した。1378年に中央の身廊の天井が完成し、1380年には左右の側廊ができあがり、1420年に八角形の3棟の後陣が完成した。後陣内には、それぞれ5つの礼拝堂がある。

「フィレンツェには約150の教会と約60の美術館がありますが、フィレンツェは街全体が世界遺産となっています」、ガイドの説明が続く。

（ジョットの鐘楼とクーポラ）

大聖堂の円屋根クーポラは、ドゥオーモの基礎建築の後、1420年から36年にかけて、「フィリッポ・ブルネッレスキ」というルネッサンス時代の建築家の設計によって被せるように載せられた。てっぺんの金[※1]のまるい玉は小さく見えるが、直径6メートルもある。

ブルネッレスキの墓はこの大聖堂の地下にある。ドゥオーモの南側にある建物の入口には、カンビオと並んでブルネッレスキの像がある。

クーポラの内側[※2]（内部）の天井に「最後の審判」のフレスコ画を見ることができる。これは、ジョルジョ・ヴァザーリとフェデリコ・ツッカリの2人によって1579年に描かれた。その下には美しいステン

※1＝13頁⑥の写真、※2＝13頁④の写真

ドグラスが見える。ヴァザーリは「ウフィツィ」や「ヴァザーリの回廊」を造った人物でもある。

クーポラに登りたいという人が多いが、入口には、いつも長い列ができている。

ところで、このクーポラとドゥオーモ付属の「ジョットの鐘楼」とでは、どちらが高いのだろう。

正解は「クーポラ」。高さ91メートル、てっぺんまで上るには463段の階段を上ることになる。

クーポラに上がる入口は、季節によって異なっている。

途中、フレスコ画のあるバルコニーに出てぐるりと回り、狭い階段を上がっていく。混んでいるときは、階段が狭くて通りにくいので、バルコニーで待たされることもある。上でゆっくり写真を撮る時間も入れると、50、60分はほしい。入口に行列ができているときは、どれだけ待たされるかわからない。予定より早く閉まることもあるので、上りたい人は早めに並んだほうがいい。

日曜日はミサのため、クーポラには上がれない。上からミサが見えてしまうためらしい。

左「サン・ジョヴァンニ洗礼堂」
と、右「ジョットの鐘楼」
その間にドゥオーモのクーポラが見える

一方、ジョットの鐘楼は、クーポラより6メートルほど低い。85メートルで階段は414段である。ドゥオーモと同様、三色のトスカーナ大理石が使われている。

クーポラの写真を撮るには、こちらの方が都合がいい。あまり混んでいなければ、30分もあれば上って下りて来られる。フリータイムが30分しかない駆け足ツアーで上がった人もいた。

ジョットは、建築家の名前である。彼とアンドレア・ピサーノの2人が1334年に着手したゴシック様式の鐘楼である。こちらは日曜日でも上れる。

(サン・ジョヴァンニ洗礼堂)

ドゥオーモを先に説明したが、建築順でいえば洗礼堂の方が古い。

ドゥオーモの西側に位置する白と緑の建物が「サン・ジョヴァンニ洗礼堂」である。

この場所には、ローマ時代には軍神マルスの神殿があったといわれている。「軍神マルス」とは、ローマ神話の戦いと農耕の神様である。

その跡地に5世紀に教会が造られたのが、サン・ジョヴァンニ教会。ヴェネチアの守護聖人は聖マルコだという話をしたが、フィレンツェの守護聖人は洗礼者ヨハネである。サン・ジョヴァンニ教会は、聖ヨハネに捧げられる教会であり、サン・ジョヴァンニと呼ばれる。

「イタリア語ではヨハネがジョヴァンニになります。英語ではジョーン、スペイン語ではファン、ロシア語ではイワンです。世界で一番多い名前の一つでしょうか。サン・ジョヴァンニ教会は、11世紀になって改築され、現在ある八角堂のロマネスク様式の洗礼堂となりました。これが、今見ていただいている『サン・ジョヴァンニ洗礼堂』であります」

八角形のピラミッド式の屋根は13世紀に造られた。その内側はクーポラになっている。クーポラの内部、つまり洗礼堂の天井は、13世紀の「最後の審判」のモザイク画で飾られている。洗礼堂は、洗礼を受ける場所であり、たいていは教会の中にあるが、イタリアでは、大聖堂の本堂とは別々に建築されているところが多い。

「内部の八角形の洗礼盤では多くのフィレンツェの人々が洗礼を受けました。ヴェローナに亡命したダンテもそのうちの一人です」

この洗礼堂の東側（ドゥオーモ側）の扉が、「天国の門」（Porta del Paradiso）といわれるもので、1424年から1452年にかけて、「ロレンツォ・ギベルティ」によって製作された。ただし、これはレプリカで、オリジナルはドゥオーモ博物館 Museo dell'Opera del Duomo（ドゥオーモの東側に位置する）に保存されている。この扉を「天国の門」と言ったのはミケランジェロである。

これは、フィレンツェがペスト（黒死病）から解放されたのを記念して、1401年にギベルティに依頼されたものだ。

扉のレリーフには、左上から順番に、カインとアベルやアブラハムと

天国の門

イサク、ノアの方舟など旧約聖書の物語が描かれている。ガイドの説明が続く。

「これは目で見る旧約聖書です。当時は字の読めない人が身分の高い人にも多かったのです。また、この天国の門がなぜ有名かと言いますと、これを造ったギベルティという人は、世界最初のコンクールで選ばれて制作したからです」

（青銅のイノシシとアンデルセン）

シニョーリア広場から西へ5分ほど歩いて行くと、「新市場のロッジア」[※1]（Loggia del Mercato Nuovo）がある。これは、16世紀半ばのコジモ1世の時代に造られた市場である。

今ではみやげ物の屋台が並ぶが、この南側に青銅のイノシシの像がある。これは、ウフィツィにあるローマ時代の大理石彫刻のレプリカである。

アンデルセンの童話「青銅のイノシシ」は、フィレンツェを舞台にした作品だ。

貧しい男の子が、このイノシシに乗ると動き出して、フィレンツェの街の中を回っていろんなところに行くという話から始まる。ピッティ宮や、シニョーリア広場（当時はグランドゥーカ広場と呼ばれていた。大公広場という意味）、ウフィツィ、サンタ・クローチェ教会のミケランジェロやガリレオ・ガリレイのお墓へと連れていってくれる。

アンデルセンがイタリア旅行をした19世紀のフィレンツェの時代背景が描写さ

※1＝12頁⑥の写真

青銅のイノシシ

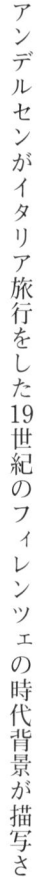

れていて、興味深い童話である。

ここから少し北へ行くと、共和国広場がある。19世紀に造られた広場だが、もともとはローマ時代のフォルム（広場）があったところだ。

（サンタ・クローチェ教会）

サンタ・クローチェ教会（Basilica di Santa Croce）は、ウフィッィ美術館から東へ500メートルくらいのところにあるフランチェスコ修道会の教会である。「サンタ・クローチェ」とは、「聖なる十字架の教会」という意味である。「イタリアの栄光のパンテオン」ともいわれ、ミケランジェロ、ガリレオ・ガリレイ、マキャヴェッリ、ロッシーニなど多くの有名人が、ここに埋葬されている。

1294年に建築が始まり、1442年にはローマ教皇によって聖別されて教会となり、1453年に完成した。内部の回廊は、ブルネッレスキが手掛けた。16の礼拝堂がある。デザインは、フランシスコ会の質素さを反映している。フランシスコ会は、アッシジの聖フランチェスコによって始まった（アッシジの章を参照）。

ところで、フィレンツェの英語名は「フローレンス」である。この町で生まれ、町の名から名前をとった「フローレンス・ナイチンゲール」の記念碑が、付属美術館の回廊にある。教会の外の角のところには、

サンタ・クローチェ教会

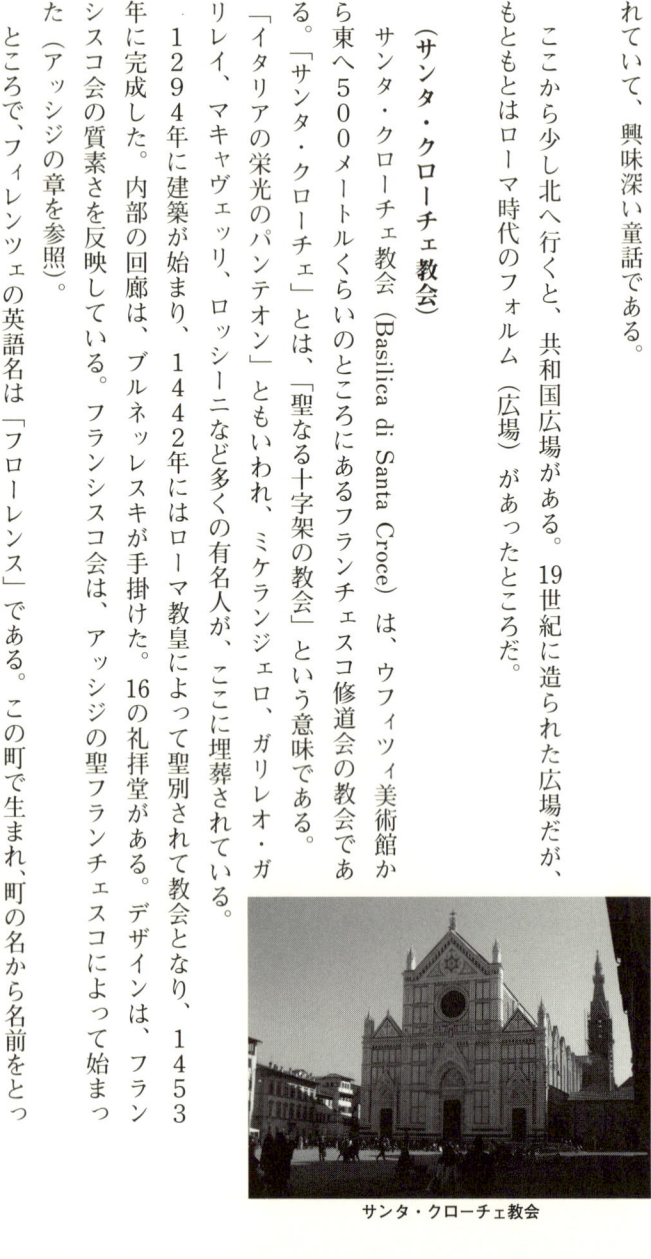

フィレンツェ出身のダンテの像がある。

教会前の「サンタ・クローチェ広場」は、５００年前にできた、サッカーの発祥の地である。現在でも、毎年６月になると、この広場に観客席を造り、土を運んで試合が行われる。

（ミケランジェロ広場）

フィレンツェの全景が眺められるところと言えば、アルノ川を南へ渡って丘を登ったところにあるミケランジェロ広場である。

ツアーに組み込まれていれば、バスで行って、15分ほどの写真タイムがある。しかし、含まれていなければ、時間によほど余裕のあるときしか立ち寄ることはない。渋滞が多いので、行くだけで30分はかかってしまう。それに、天気が悪いと、景色がきれいに見えないこともある。

もし、天気がよくてフリータイムが半日あるなら、川を渡って下から歩いて登るのも楽しい。バスでは通らない道を通って行けば、途中で絵に描いたような風景にたくさん出会うことができる。

市バスを使う場合は、中央駅から12番のバスがでている。

広場には[※1]ダヴィデ像が立っているが、もちろん、このダヴィデ像もレプリカである。

※1＝14頁⑩の写真

ミケランジェロ広場から見たフィレンツェ市街

フィレンツェのフリータイム

フィレンツェは町全体が世界遺産で、見どころはたくさんある。その割にコンパクトにまとまっていて、すべて徒歩で回れるので半日でもフリータイムがあれば結構いろんなところに行ける。

一般的なツアーで、入場して見学するのはウフィッツィ美術館とドゥオーモくらいだ。ピッティ宮のパラティーナ美術館もツアーコースには含まれていないので、フリータイムのときに行くことになる。

時間がないときは、ヴェッキオ宮殿の内部を見学するのが面白いと思う。ここは12世紀以来ずっと政治の中心であり続け、今でも市役所として使われている。建物の半分は美術館としてメディチ家華やかなりしころの絵画が見られる。

フィレンツェは美術館の宝庫だから、美術の好きな人なら地図を参考に上手く回りたい。ミケランジェロの彫刻があるバルジェッロ美術館やアカデミア美術館[※1]はぜひとも行きたい。月曜日が休館のところが多いのでツアーを選ぶときにはフィレンツェが月曜日にあたらないように注意したい。

ファッションに興味のある人にお勧めするのがトルナブオーニ通り[※2]である。フェラガモとグッチが本店を構えているほか、たくさんの有名ブランドのショップが並んでいる。

どの店のショーウィンドーも飾りつけのセンスがよく、さすがイタリアと思えるすばらしさだ。

フェラガモの本店は、ルネッサンス様式の立派な建物で、建物の中には博物館がある。

※1＝14頁⑦の写真、※1＝14頁⑧の写真

ピサ

ピサの斜塔

「ピサ（Pisa）」と言えば、やはり「斜塔」である。
よく斜塔だけが一枚の写真として絵葉書やポスターに使われているので、日本人観光客の中には、「斜塔」という建物が1つだけポツンと建っているのを想像する人も珍しくない。

この斜塔という建物は、最初から歪んで建てられた訳ではなく、建設の途中で傾いてきたのである。「斜塔」というのは愛称で、本当は大聖堂に付属する「鐘楼」である。つまり、もともとの主役は大聖堂が本堂なのだ。しかし、この傾いた建物が独り立ちして有名になってしまった。

写真に撮るときは[※1]隣の大聖堂の本堂や洗礼堂と一緒に写したほうが斜塔がどのくらい傾いているかがよくわかる。

ツアーによっては、ピサはオプションでの観光ということもある。今回のツアーでは、ピサはガイドのつかないフリータイムでのオプション観光だったので、斜塔に上ることも可能だった。

※1＝15頁①の写真

斜塔

斜塔は一時期、危険性があるということで閉鎖されていたが、2001年から人数制限をしながらまた上れるようになった。

高さは54メートル、内部は螺旋状[※1]の階段が294段ある。階段は大理石なので、滑らないように注意して上ろう。チケットは、カンポサントの東側にあるチケット売り場で買う。ただし、一度に40人ほどしか上らせてくれないので、売り切れの場合もある。

チケット売り場のモニターに、「何時何分は何人」と表示があるので、出発時間に間に合う時間帯が空いていれば上ることができる。時間が近付くとすぐに売り切れるので、空いていたらすぐに買っておくことをお勧めする。

冬は観光客が少ないので、比較的チケットが買いやすい。

予約もできるが、ツアーで行く場合は、個人で予約しておかないほうがいい。フィレンツェからピサに行く道路はよく渋滞するので、予約時間に到着できるかわからないのだ。

斜塔に上ってから下りるまで、25分から40分はかかる。

カバンなどの手荷物は持って上れないので、チケット売り場の左隣りにあるロッカーに必ず預ける。上る10分前から預かってくれるので、預けた後は斜塔の入口に並ぶ。時間が来たら、係員が合図をしてくれる。

8層（8階建）の6階が回廊となっており、そこまでは普通に上る。混んでいる場合、そこで待たされることもある。6階からの景色もすばらしい。

※1＝15頁⑩の写真

6階からさらに鐘楼の収められている8階の上、つまり屋上[※1]まで上ることができる（9階にあたる）。

1時間のフリータイムで斜塔に上る場合は、他の場所を見学する時間はない。預けた荷物を取りに行ったり、トイレに行ったりしていると1時間ぐらいはすぐに経ってしまう。

ピサの歴史

ピサは、フィレンツェからバスで1時間半くらいのところにある。

フィレンツェの町を流れるアルノ川の下流にあるのがピサの町だ。ピサはアルノ川を利用して、海運国として発展した。

イタリアには、海運国として発展した都市が4カ所ある。ヴェネチア、ジェノヴァ、アマルフィ、そしてピサである。

ピサを除く3カ所は、全て海に面している。ジェノヴァもアマルフィも陸地には住むところが少ない。ジェノヴァは背後に山が迫り、坂が多く、耕作に向かない地形だ。ヴェネチアは海の上で、土地はせまく、耕作する余裕さえない。だからどこへ行くにも船で行くしかなかった。そんな、海に面し、農業など

※1＝15頁⑪の写真

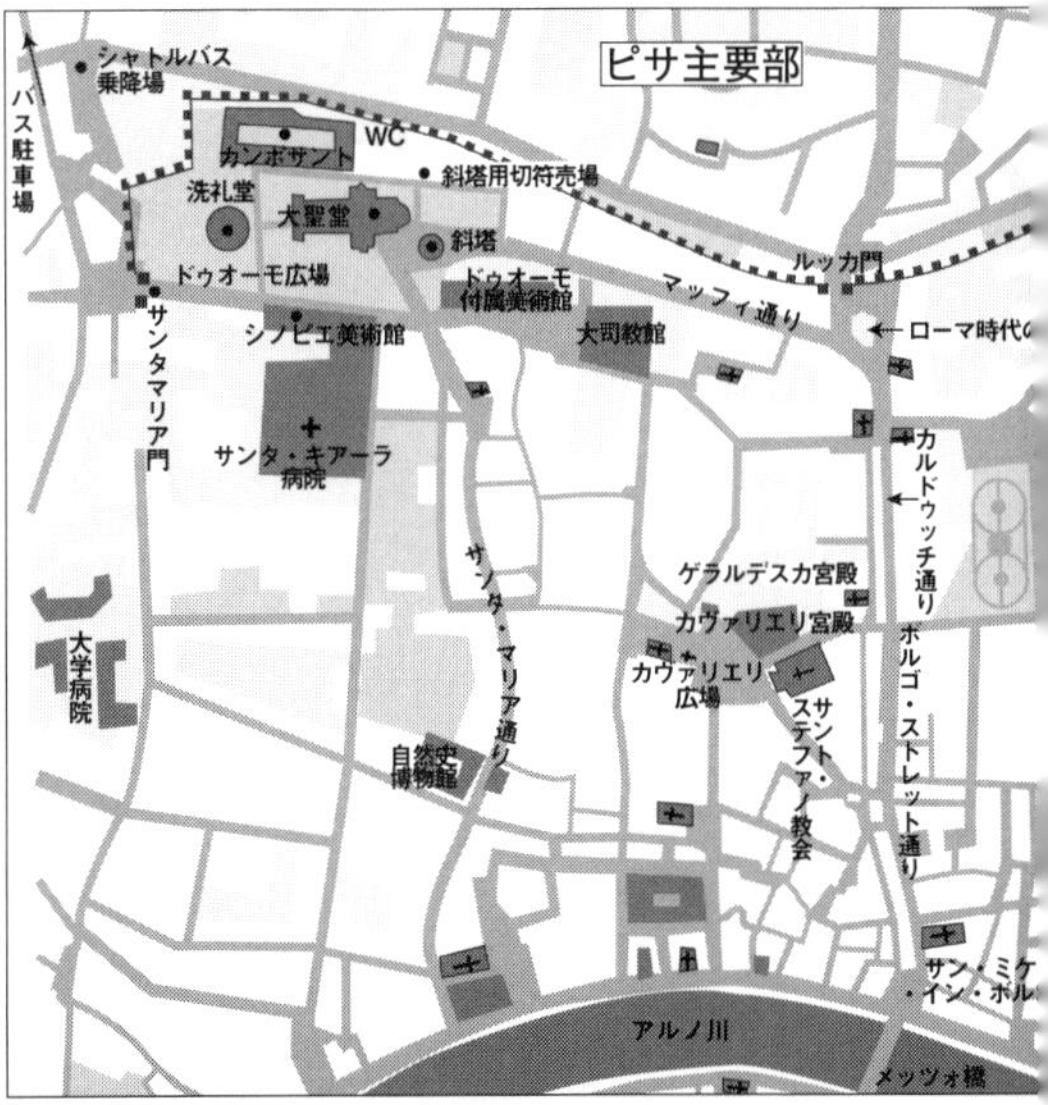

には適さない立地条件から、海運国として発展した。

しかし、ピサは少し事情が違う。ピサに行ってみるとわかるが、海は全く見えない。現在では、ピサの市街は海から10キロも離れている。

町の中にはアルノ川が流れている。アルノ川はトスカーナ地方の中部山地に源があり、フィレンツェやピサを通ってティレニア海へそそいでいる。ただし、斜塔や大聖堂のある「奇跡の広場（ドゥオーモ広場）」からは見えない。ピサは、アルノ川が海にそそぐ直前の河岸にできた都市なのである。


かつてのピサは、もっと海に近かった。しかし、16世紀にアルノ川の河口が泥で埋まり始めたため、港としての役割が終わってしまった。

1571年には、ピサから南へ20キロほど行ったところにある町リヴォルノ（Livorno）が、この地方の港となった。

ピサが港町として発展したのは、都市国家として栄えた11世紀から13世紀のことであるが、それよりも昔、ローマ時代から軍港としても栄えていた。ローマ人はピサを海軍基地にしていた。そのため、造船の技術や海上での戦い、そして交易にすぐれていた。

11世紀の初めに、イスラム教徒と海上で戦うことになった。ジェノヴァの船隊と共にサルデーニャからイスラム教徒を追い払い、それとともに、東方（オリエント）貿易の糸口を見つけて、ジェノヴァやヴェネチアと肩を並べる港町として発展した。

イスラム教徒との戦いでピサは大勝利を収め、イスラム教徒の船をたくさん捕獲して、商品や金銀財宝を戦利品として持ち帰った。この戦利品を売った利益で、大聖堂を建てることとなった。１０６３年のことであるから、フィレンツェの大聖堂よりもずっと古い。

（大聖堂＝ドゥオーモ）

大聖堂は、「ブスケート」という建築家の指揮の下で建設が始められたロマネスク様式の建物である。

まず建物の土台を造った後、内部装飾や外側のファサードを取り付けるという建築方法である。12世紀に入ってからは、ライラルドによって改修工事が行われた。彼は、後の13世紀に入ってから取り付けられるファサード（正面装飾）のデザインも行った。

内部の見学は、他の建物との共通チケットがあったり、季節によって入場無料になることもあるので、あらかじめどこを見学するか考えてからチケットを買った方がよい。

内部の美しい説教壇の回りを取り囲んで、ヨーロッパのどこかのグループが説明を聞いている。

この石彫の説教壇は、１３１１年にジョヴァンニ・ピサーノという彫刻家が造ったものである。

彼はこの時代、非常に有名な建築家で、かつ彫刻家であったので、これからも何度か名前が出てくる。

この辺りから天井を見上げると、ランプがぶら下がっている。これが「ガリレオのランプ」といわ

大聖堂（ドゥオーモ）

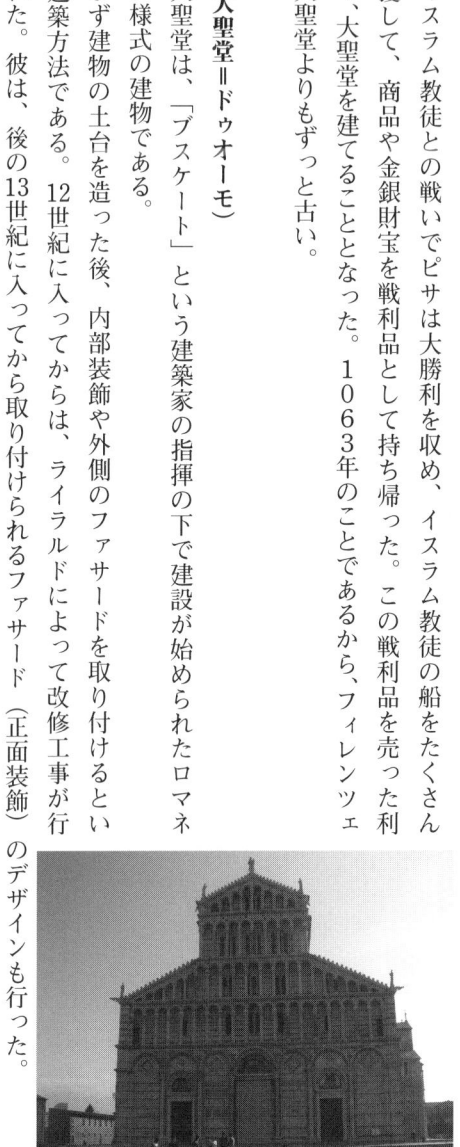

れるもので、1587年に造られたという記録が残っている。ガリレオ・ガリレイが振り子の等時性を発見してから6年後のことであるが、どういうわけか、ガリレオ・ガリレイはこのランプの揺れをきっかけとして発見したのだと、長い間信じられていた。

ガリレオ・ガリレイは、1564年ピサで生まれた。医者を目指していたが、数学、物理学に転向し、ピサやパドヴァの大学で先生をしていた。

聖堂内の天井のフレスコ画は、1595年に火災が起こり、その後に加えられたものである。

ガリレオのランプ

〈洗礼堂〉

フィレンツェとは異なり、ピサの洗礼堂は、大聖堂本堂よりも後、1152年に建設が始まった。直径が35メートルの円形の堂で、ロマネスク様式で造られている。

内部の洗礼盤は、1246年に、グイード・ダ・コモが製作した。

説教壇は、ドゥオーモ本堂の説教壇を製作したジョヴァンニ・ピサーノの父であるニコラ・ピサーノが1260年に造った。キリストの生涯が彫られている。

正面入口の扉の上のマドンナ像も、ジョヴァンニ・ピサーノの作である。13世紀には、この親子が洗礼堂の監督官となっている。

音響効果が良くて、手をたたくと響き渡る。ドーム型の屋根は、14世紀に造られたゴシック式である。

鐘楼（斜塔）の建築

そして、有名な斜塔、つまり鐘楼の建築が始まったのは、１１７３年のことだ。日本では、平安末期のことである。斜塔だけではなく、ピサの大聖堂も洗礼堂も日本の平安時代の話である。

斜塔は全部で８層になっているが、３層目まで建造した１１８５年にはすでに傾き始めた。

ピサというところは、アルノ川が運んできた土砂の上に立地しているので、地盤が弱かったのだ。

実は、鐘楼だけではなく、大聖堂も洗礼堂も多少傾いているらしい。しかし、斜洗礼堂、斜大聖堂と呼ばれるほどには傾きは目立たない。

建築家たちは、この傾きを止めようと考えたが、うまく行かなかった。そこで、その上の層は、傾きの角度を少しずつ補正することにして１２７５年から工事を再開した。

そして、着工から１８０年近くたった１３５０年に完成した。

（カンポサントとシノピエ美術館）

大聖堂の北側に位置する低く長い建物は、「カンポサント」と呼ばれている墓地である。斜塔の着工

洗礼堂

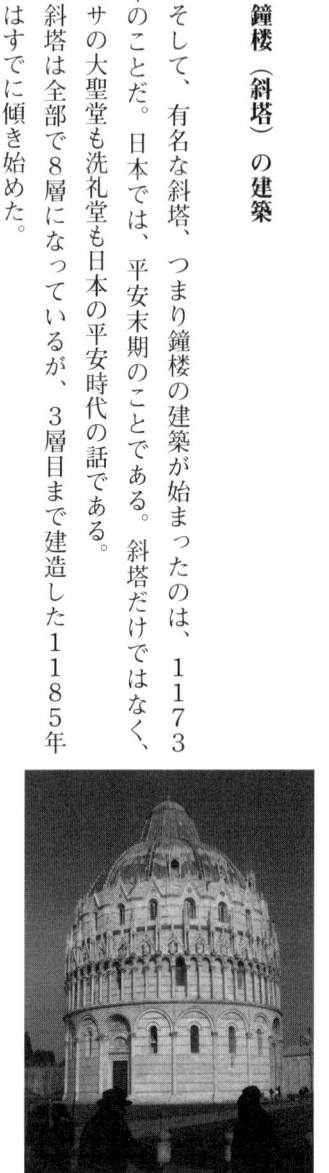

よりも遅く、1277年に工事をスタートし、完成までに100年かかっている。

ここには、ドゥオーモの説教壇などの制作者であるジョヴァンニ・ピサーノの墓碑もある。

この建物は、1944年6月、戦争の砲撃で発生した火災の被害にあった。建物は修復できたが、内部の美術品は、残念ながら殆ど焼けてしまった。

しかし、重要なフレスコ画の下絵が発見され、シノピエ美術館[※1]で保存されることになった。「シノピエ」[※2]とは、「下絵」のことである。「シノピエ美術館」は、大聖堂の南側にある。

ピサでは観光バスの駐車場からドゥオーモ広場まで10分ほど歩くが、このときよくスリが現れる。

先日も、私たちのグループの前に、もう一つ大きな日本人グループが歩いていたが、その間に女の子2人組みが歩いていた。一人は新聞を持っていたので、「ははーん。新聞を使ったスリだな」と思い、グループに、「その2人組みはスリですよ」と言うと、彼女たちは日本語がわかったのか、「ワカッタ?」と言って逃げていった。いや、逃げたというよりも別のターゲットを探しにいったのだろう。この日、一件どこかのグループでスリにやられたという話を後から聞いた。

※1＝15頁⑤の写真、※1＝15頁⑨の写真

カンポサント

チンクエ・テッレ

今回のツアーには組み込まれていないが、断崖絶壁に色鮮やかな家が立ち並ぶチンクエ・テッレ（Cinque Terre）を少し紹介しておきたい。

以前、パンフレットに載ったチンクエ・テッレの写真に一目で魅かれ、そのツアーに決めたという新婚旅行のカップルに出会ったことがある。日本からのツアーでチンクエ・テッレを組み込んだツアーはあまりないが、ゼロではないので探してみてもよい。

チンクエ・テッレというのは町の名前ではない。「チンクエ」は数字の5、「テッレ」は土地という意味で、リグリア海岸沿いに並ぶ5つの小さな村のことで、11世紀、要塞都市として建設された。

南東から北西にかけて、リオマッジョーレ、マナローラ、コルニリア、ヴェルナッツァ、モンテロッソ・アル・マーレと海岸沿いに村が並んでいる。

チンクエ・テッレはトスカーナ州ではなく、ジェノヴァのあるリグリア州に属しているのだが、フィレンツェからも日帰りの現地ツアーが出ている。

チンクエ・テッレ、マナローナの町

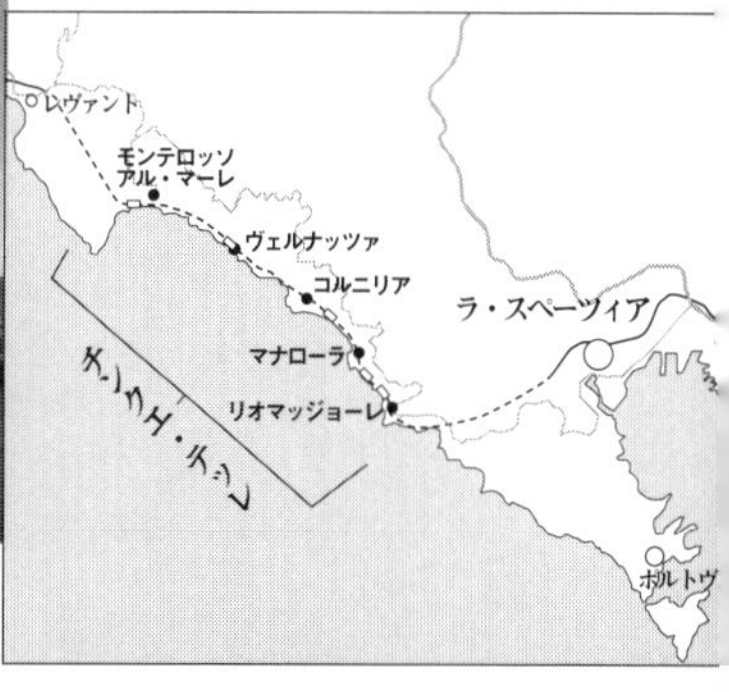

現地ツアーは、バスでラ・スペーツィアまで出かけ、鉄道で各村を巡る。季節と天候によるが、途中から船に乗って海からの景色を眺めるコースもある。ただし、早朝7時前にフィレンツェ駅近辺に集合して、夕刻7時以降に帰ってくるというスケジュールなので、フィレンツェに最低2泊してフリータイムが丸1日余分にあるツアーでないと参加することはできない。

個人旅行なら、フィレンツェからピサ経由で、ラ・スペーツィア（La Spezia）を起点に鉄道で回ることができる。ジェノヴァからだともっと近い。位置としては、ジェノヴァとピサの間にある。

ラ・スペーツィアからレヴァント（Levanto）までは、チンクエテッレ・エキスプレスという電車（各駅停車）に乗って各村を巡る。個人旅行なら、チンクエテッレ・カードという旅行者用のカードを購入すれば、村を結ぶ電車やバスのほか、博物館やトイレなども無料で利用できる。

5つの村の鉄道の駅はトンネルとトンネルの間に挟まれた狭い場所にホームがある。駅から町に出るにも歩道のトンネルを通り抜けて行くことが多い（ヴェルナッツァは駅が町の近くにあり、コルニリアは駅から町へ階段を上っていく）。

時間があれば鉄道を利用して一つずつ回りたいが、5つの村全部を見ると時間がかかるので、2つか3つくらいにしぼってもよい。コルニリア以外は船でも行ける（4月から10月の夏期のみ。天候の悪いときは運休することもある）。

トンネルとトンネルに挟まれたマナローラ駅

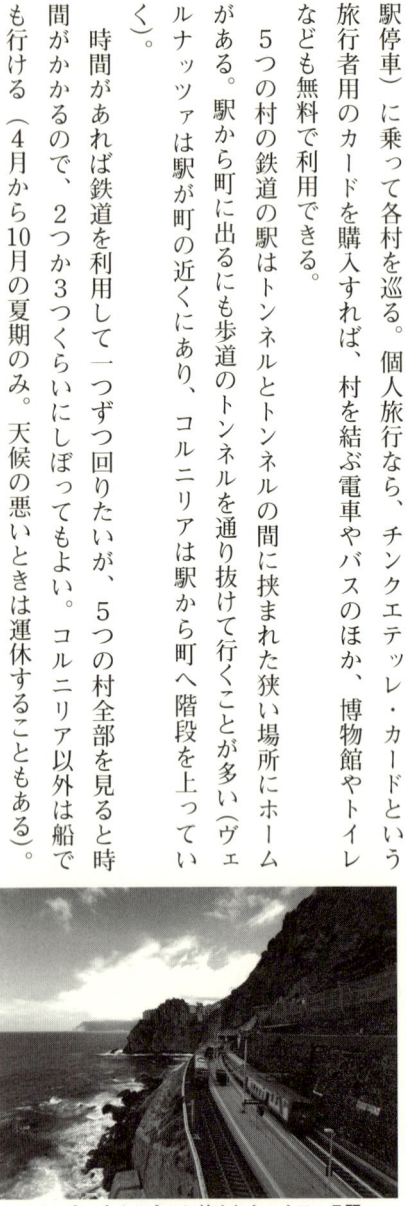

日本からのツアーでは、マナローラとヴェルナッツァの2か所を見学するコースが多い。

5つのうち最大の町がリオマッジョーレ[※1]（Riomaggiore）で、人口1700人程度。ここから次のマナローラ（Manarola）へは「愛の小道（Via dell' Amore）」と呼ばれる海岸沿いの遊歩道があり、徒歩20分くらいでマナローラへ行けるのだが、2012年の落石事故で閉鎖され、マナローラ側の一部が、2018年にオープンされた。2021年には再開すると聞いている。

[※2]コルニリア（Corniglia）は一番小さい村で人口250人ほど。港がないので船では行けないが、船から見た村の景色はとても美しい。鉄道駅から町へは380段ほどの階段を上る。

旅行のパンフレットや絵はがきでよく見られるのがヴェルナッツァ（Vernazza）で、先述したカップルが一目ぼれした写真は、ヴェルナッツァの高台から写されたものである。

[※3]モンテロッソ・アル・マーレ（Monterosso al Mare）は、2番目に大きな町で人口は1500人くらい。ビーチリゾート地で、駅前の海岸にビーチパラソルが並んでいる。

ヴェルナッツァとモンテロッソは、2011年の洪水で大きな被害を受けた。

チンクエ・テッレの急な斜面ではブドウが栽培されてきた。そのブドウから造られた「シャッケートラ」というデザートワインを飲むことができる。

※1＝11頁③の写真、※2＝11頁⑥⑦の写真、※3＝11頁⑨の写真、

高台から見たヴェルナッツァの町

※1＝16頁②の写真、※2＝16頁③の写真

サン・ジミニャーノ

塔の町として有名なサン・ジミニャーノ（San Gimignano）は、「サン・ジミニャーノ歴史地区」として、1990年に世界遺産に登録されている。

今回、サン・ジミニャーノではガイドが付かなかったので、自由散策となった。駐車場でバスを降りて、スーパーマーケットそばの坂を登ってしばらく歩くと、旧市街の玄関口となる[※1]サン・ジョヴァンニ門がある。1262年に建てられた門だ。旧市街は城壁で囲まれ、中世の面影を残していて、標高324メートルの高さのところにある。サン・ジョヴァンニ門を入ると、メイン通りであるサン・ジョヴァンニ通りには多くのみやげ物店が並んでおり、自由散策で見て回るのはとても楽しい町だ。この通りをまっすぐいくと、中央に井戸のある[※2]チステルナ広場を通り、町の中心であるドゥオーモ広場に到着する。ドゥオーモ（参事会教会）は、1148年にローマ教皇（法王）エウゲニウス3世によって建てられた。サン・ジミニャーノは、1150年に都市国家となった。町の名は、398年にこの地で亡くなったモデナの司教サン・ジミニャーノに由来する。彼の遺物である指と指輪が聖堂に安置されているこ

とで巡礼者がたくさん訪れるようになり、町も発展した。

13世紀には町が繁栄し、貴族の権力の象徴として、たくさんの塔が建てられた。町の貴族は、法王派（教皇派）と皇帝派に分かれ、それぞれがより高く、美しい塔を建てることで競い合った。しかし、内部の権力争いやペストによって町は衰退し、1353年にはフィレンツェ共和国に組み入れられた。

他の町では塔が邪魔だということで取り壊されたが、発展から取り残されたサン・ジミニャーノでは塔がたくさん残され、中世の街並みをとどめている。それでも、多いときには72もあった塔が、いまは14しか残っていない。

一番高い塔は、ドゥオーモ広場にあるグロッサの塔（Torre Grossa）（14世紀建築）で、54メートルの高さがある。ピサの斜塔と同じくらいの高さである。

グロッサの塔があるポポロ宮（Palazzo del Popolo）は中世都市国家時代の司法長官の新宮殿として建てられた建物で、現在は市庁舎として使われている。同じ建物には観光案内所もある。

塔に登るには、ポポロ宮（市庁舎）に入り、階段を上ったところにあるショップで併設されている市立美術館の入場を兼ねたチケットを購入する。183段の階段を上ると、塔※1の上からすばらしい町の景色を見ることができる。

ドゥオーモの西には、城塞（Rocca）跡があり、周囲は公園となっている。城塞の展望台からは、サン・ジミニャーノの郊外を遠望できる。

※1＝16頁⑥の写真

ドゥオーモ広場
左からポポロ宮、グロッサの塔とドゥオーモ（参事会教会）

シエナ

（メディチ家要塞からサンドメニコ教会まで）

フィレンツェからシエナ（Siena）までは、バスで1時間程度だ。

駐車場でバスを下車すると、すぐに赤いレンガ造りの大きな要塞が見える。これは、メディチ家の要塞といわれるものである。1560年に、メディチ家のコジモ1世が造らせたものである。

非常に大きな建物なので、写真に収めるのは難しい。中は空洞だ。現在、野外劇場が設けられており、要塞内部には、「エノテカ」というワインレストランやジャズクラブもある。要塞の上はとても広く遊歩道となっており、天気のいい日には地元の人達の散歩場所となっている。

駐車場からこの要塞[※1]の横を通って公園を抜け、横断歩道を渡ってしばらく歩くと、「サンドメニコ教会」が見えてくる。ここでガイドと待ち合わせて、サンドメニコ教会から観光が始まった。

サンドメニコ教会は、ゴシック様式の13世紀の建築である。

ドメニコ会の創始者である聖ドメニコ・グツマンが、シエナに来て間もない1225年に着工した。

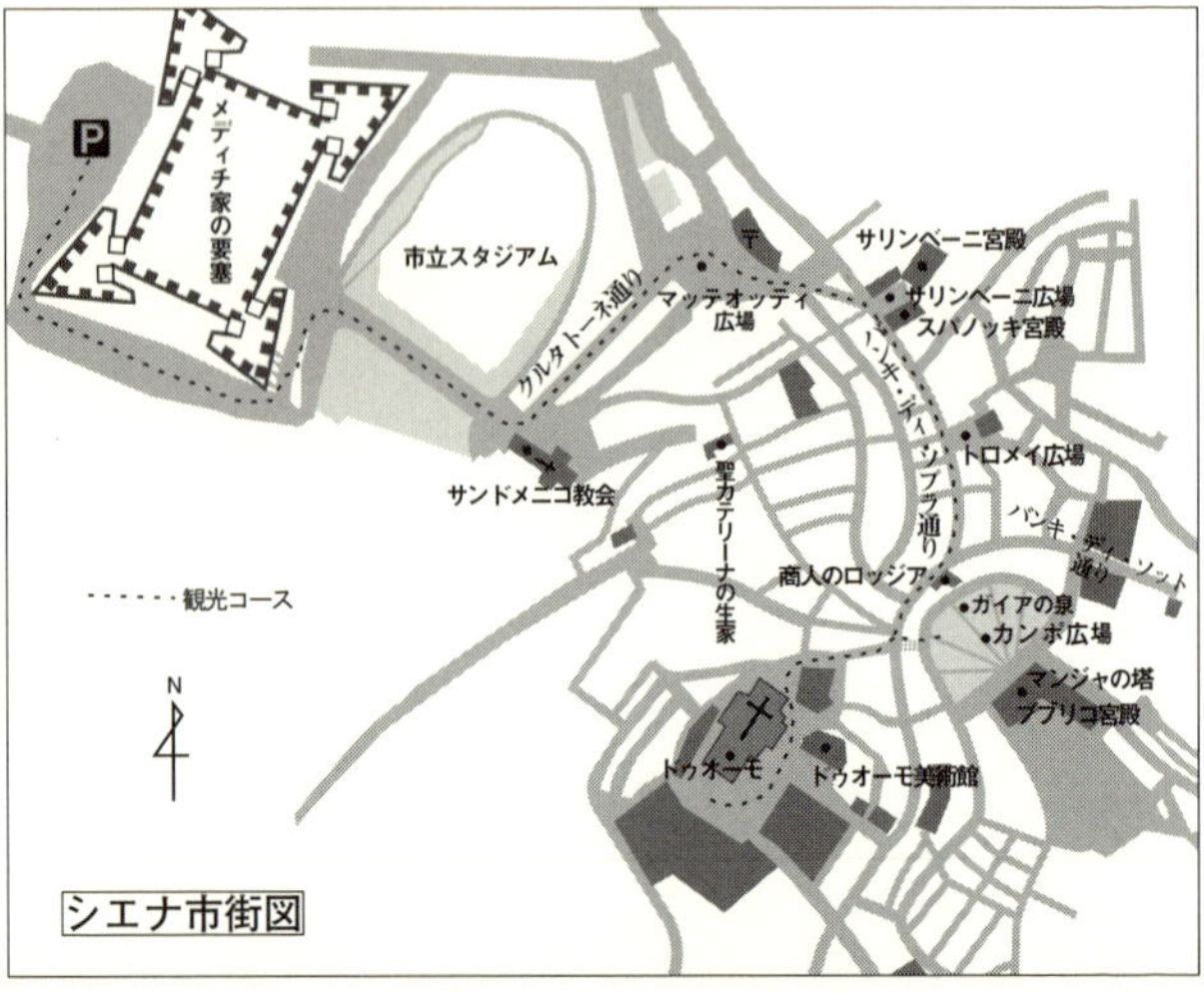

シエナ市街図

内部には１４６０年に建てられた礼拝堂があるが、これはシエナの守護聖人である聖カテリーナの首を保存するために建てられたものである。

カテリーナは１３４７年に貿易商人の娘としてシエナで生まれ、8歳でドメニコ会の修道院に入り、神の出現を何回も体験した。当時、フランスのアヴィニヨンにあった教皇庁をローマに戻すようにグレゴリウス11世を説得させた人物でもある。最後はローマで亡くなり、１４６１年に聖人として列聖された。シエナだけでなく「イタリアの守護聖人」でもある。

教会内部には、彼女の肖像画やフレスコ画が残されている。「聖カテリーナの生家」は、教会から5分くらいのところなので、時間があれば行ってみてもいい。行った人の話では、「思ったより小さくて目立たない」とのことだ。

サンドメニコ教会

（目抜き通りバンキ・ディ・ソプラ通りへ）

教会からクルタトーネ通り（Viale Curtatone）を通って、マッテオッティ広場（Piazza Matteotti）まで歩くと、正面に郵便局の大きな建物が見えてくる。そこを右に曲がって少し行くと、「バンキ・ディ・ソプラ通り」（Via Banchi di Sopra）だ。少し歩くと、「サリンベーニ広場」が左手に見えてくる。

ここには、古い宮殿が3棟たっている。広場に向かって正面（奥）に見えるのが一番古い宮殿で、14世紀に建造された「サリンベーニ宮」である。サリンベーニ一族がかつて住んでいた館である。

館は、19世紀にジュゼッペ・パルティーニによって修復され、この広場も造られた。現在、館は、モンテ・デ・パスキ銀行の所有である。

シエナは、銀行業で栄えた町である。モンテ・デ・パスキ銀行は、1472年創立（当時はモンテ・デ・ピエタ銀行という名）で、今もイタリア三大銀行の一つで世界に多くの支店を持っている。

広場の真ん中の像は、17世紀の会計学者、サルスティオ・バンディーニの記念碑である。これもパルティーニによって造られた。

広場の右手の館は、「スパンノッキ宮」と呼ばれる15世紀のルネッサンス様式の建築である。建物の上方に有名人の首[※1]が並んでいる。

「右から8番目がミケランジェロです。9番目がレオナルド・ダ・ヴィンチです」と、ガイドが説明した。広場の左手の館は、16世紀に建てられたバロック式の「タントゥッチ宮」である。

バンキ・ディ・ソプラ通りをさらに歩く。

この通りは、シエナの目抜き通りで、歩行者天国となっている。たくさんの商店が立ち並び、もし、フリータイムで時間があれば、ゆっくりと見て歩きたいところだ。シエナ名物の「リッチャレッリ(Ricciarelli)」というアーモンドのお菓子を売っている店もある。

バンキ・ディ・ソプラ通りの「バンキ」とは、バンコ Banco（銀行）の複数形である。

サリンベーニ広場
正面はサリンベーニ宮、右はスパンノッキ宮

※1＝17頁④の写真

もう少し歩くと、今度は右手に「トロメイ広場」が見えてくる。

この広場に面している館は、トロメイ宮という13世紀の建築で、トロメイ家一族が住んでいた。トロメイ家は、サリンベーニ家と争うほどの裕福な一族であった。

１２２７年、シエナで火災が起きたが、この宮殿は被害にあわなかったので、シエナで一番古い貴族の館でもある。

広場に立つ円柱は、１６１０年に造られた。上部[※1]に狼が双子の赤ん坊を育てている像がある。これは、ローマのシンボルでもあるが、シエナのシンボルでもある。

伝説では、ロムルスとレムスという双子の兄弟はメス狼に育てられた。そして、後にロムルスはレムスを殺してローマを建国した。殺されたレムスの２人の息子がシエナに逃れて来てシエナを建国したといわれている。シエナやローマでは、至るところで、この狼と双子の像を見ることができる。

もう少し進んでいくと、突き当たりが三叉路になっている。左手の道を行くと、「バンキ・ディ・ソット通り」があり、これも歩行者天国となっている。この道を真っすぐにいくと、ローマまで行ける。

三叉路には「商人のロッジア」と呼ばれる屋根付の広場のようなところがある。商人のロッジアは、15世紀に建てられた。

「ここは、商工会議所として使われていたところです。現在は、お金持ちの人達が集まる、イギリス風のクラブとして使われています」と、ガイドが説明した。

※1＝17頁⑤の写真

商人のロッジア

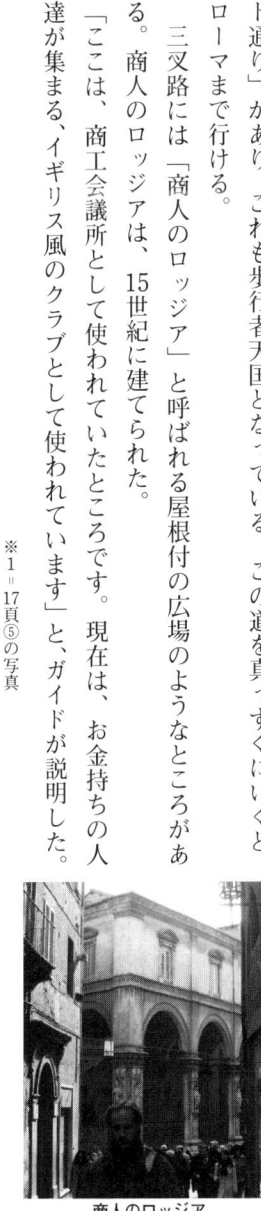

ロッジアの道を右にまっすぐ行くと、途中から上り坂となる。そのまま坂を上っていくと、「ドゥオーモ」へ行ける。坂を上らずに、左手の階段を下りると、「カンポ広場」がある。両方に行くなら、先にドゥオーモへ行ったほうが時間的に効率がいい。

〈ドゥオーモ〉

ローマが共和制の時代、シエナはローマの植民地だった。

シエナは丘の町だが、ドゥオーモのあるところが一番高く、「カステルヴェッキオ地区」と呼ばれている。「古い城」という意味だが、ローマ帝国時代の町があったところである。

ローマが滅亡するころ、北ヨーロッパからゲルマン系の民族がローマを目指してやって来た。

シエナは、フランク族やロンゴバルト族の支配下に置かれながら発展した。その理由は、場所が良かったからである。シエナのあるトスカーナ地方は、今でも農業生産が盛んなところである。また、ローマやフィレンツェへの街道がある、つまり、交通の要衝にあったということだ。

シエナが都市国家となったのは11世紀のことであり、12世紀には自治権を得ている。シエナの発展を支えたのは、商人と銀行家であった。

ドゥオーモ

シエナの全盛時代は、１２６０年である。この年、「モンタペルティ」というところでフィレンツェと戦い、勝利している。

ちょうどそのころ、ドゥオーモが建設されている途中だった。

ドゥオーモは、１１９６年に工事が始まり（１１３６年という説もある）、１２１５年に本体が完成、１３１３年に鐘楼が完成した。ピサと同様、先に本体を造ってから後でファサードを取り付けた。

ファサードは、13世紀の末にジョヴァンニ・ピサーノによって工事が始まった。ピサのドゥオーモの説教壇を製作した人である。トスカーナでも最も有名な彫刻家であり、建築家であった。

ファサードは2回に分けて造られた。扉の部分は、１２８４年から１２９７年にかけて、そして残りの部分は１３８２年から１３９０年にかけて造られたものだ。

ファサードの扉の上にもジョヴァンニ・ピサーノ作の「シメオン」の像があったが現在はドゥオーモ美術館に保存されている。シメオンは、イエスキリストの生涯を書いた新約聖書の「ルカ伝」に出てくる。

ドゥオーモへの入場は有料だが、お金を払ってでも見る価値は充分ある。

まず、床が象嵌《ぞうがん》大理石といわれるたくさんのはめ絵で埋められている。美しくて実に見事だ。絵のテーマは、「ベツレヘムの大虐殺」「女預言者」など聖書からの題材が多い。

ドゥオーモ内には、「ピッコロミニ図書館」もある。

この図書館では、１５０９年に「ピントゥクッキオ」によって壁にたくさん描かれた美しいフレスコ画が見られる。これは、教皇ピウス2世（ピッコロミニ）の生涯を描いたものである。

祭壇に向かって左手にあるので、ドゥオーモに入った人は忘れないように見ておこう。とても鮮やかで美しい部屋である。

「ピッコロミニ」は、シエナから南西50キロほどのところにある「ピエンツァ」で１４０５年に生まれた。学者、哲学者として名をあげ、１４５８年に「教皇ピウス２世」となった。ピウス２世は、自分の生まれた地（当時はコルシャーノと呼ばれた村だった）に、ルネッサンスの町をつくり上げた。「ピエンツァ市街の歴史地区」は、１９９６年、ユネスコの世界遺産に登録されている。

そして、このドゥオーモ内にある説教壇もジョヴァンニ・ピサーノの作である。

現在、シエナの人口は５万６千人ほどであるが、12世紀から14世紀の全盛期には、７万人もの人が住んでいた。町が栄えると芸術も栄え、ドゥオーモを増築することになった。ドゥオーモの正面入口を向いて右手に、50メートル×30メートルの大きな新聖堂を造ることを計画し、建築も始まっていた。

しかし、１３４８年にヨーロッパを襲った「ペスト」がシエナでも流行し、人口の３分の２が死んでしまった。それを契機に、シエナは衰退し、ドゥオーモの増築も途中で中止となった。ドゥオーモの横に見える未完成の枠組みが新聖堂となるはずであったところである。

現在、その未完の一部に屋根が付けられ、ドゥオーモ美術館として使われている。

（カンポ広場）

シエナのカンポ広場は、世界で一番美しい広場の一つといわれている。広場は、貝殻のような形をしており、床にはレンガが敷き詰められている。そして、白い石で9区画に分けられているのがわかる。

シエナでは、1287年に9君主制「ノーヴェ」が発足した。「ノーヴェ（nove）」とは、イタリア語で数字の9のことだが、この体制の下でシエナは黄金期を迎えた。「ノーヴェ」は、9人の裕福な中産階級市民が、2カ月毎に職務を交代するというものだった。先ほど、バンキ・ディ・ソプラ通りで見たサリンベーニ家もノーヴェだった。しかし、ペストで人口が減り、シエナが衰退すると同時にノーヴェも終わってしまった。サリンベーニ家も、共和国政府によって追放され、財産まで没収された。

自治体制が崩壊した後は、ミラノのヴィスコンティ家によって支配され、その後はシエナのペトルッチ家によって16世紀の初めまで支配された。そして、1559年に、フィレンツェのメディチ家の治めるトスカーナ公国に併合された。

「シエナで一番大きな祭りは、7月2日と8月16日に行われる『パリオ』という競馬です」

これはカンポ広場で行われる。ガイドが大きな写真を見せながら説明した。

騎手は、シエナの17教区から代表が出てくじで馬を決め、裸馬に乗って競争する。観客はカンポ広場に集まり、その周囲を馬が走る。優勝者に贈られる優勝旗のことを「パリオ」と言う。

マンジャの塔から見下ろしたカンポ広場

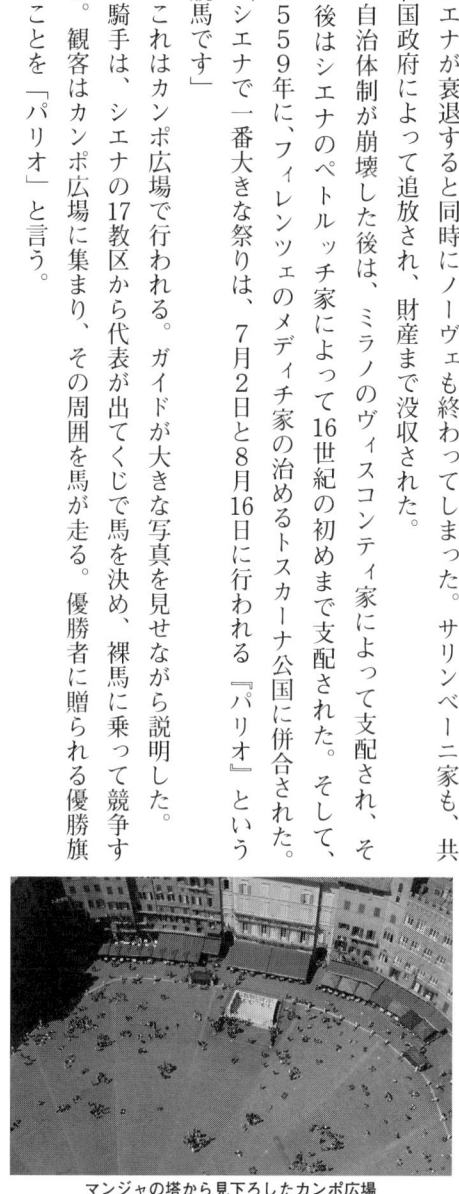

また、カンポ広場には、美しい「ガイア[※1]の泉（Fonte Gaia）」がある。１４００年から１４１９年にかけて造られた。

※1＝16頁⑨の写真

「ガイア」というのは「喜び」という意味で、「喜びの泉」「歓喜の泉」などと訳されることもある。

丘の上にあるシエナは、水を引くのが難しかった。地下水道を通し、カンポ広場まで水を引いてきたとき、シエナの人々は大変喜んだ。そして、この泉のことを「喜びの泉」と名付けた。

周りの彫刻は、シエナ出身の彫刻家、「ヤコポ・デラ・クエルチャ」によって造られた。これもまたレプリカであり、オリジナルはいたみがひどいので、市庁舎の中に保存されている。

（プブリコ宮殿とマンジャの塔）

カンポ広場に面した塔のある建物は、パラッツォ・プブリコ（プブリコ宮殿）（Palazzo Pubblico）と呼ばれている。

この建物は、市庁舎として建てられ、現在でも市庁舎として使われている。１２８２年に着工され、１３２０年に完成。建築様式は、「トスカーナ・ゴシック」と呼ばれている。１２８４年に、平屋建の建物として完成し、その後改築された。

プブリコ（pubblico）とは、公共のという意味である。英語のパブリック（public）に相当する。

プブリコ宮殿とマンジャの塔

ところで、ドゥオーモの鐘楼は、白と黒の大理石で縞模様に造られていたが、この市庁舎の窓枠の上部にも白と黒のマークがある。実は、これはシエナの紋章なのである。

なぜ、紋章が白と黒なのか。諸説あるが、シエナを建国したレムスの２人の息子が、ローマからシエナに向かうとき、白い馬と黒い馬に乗って来たからだといわれている。

宮殿の内部は美術館にもなっていて、中世時代の政務室も一般公開されている。

プブリコ宮殿には、「マンジャの塔（Torre del Mangia）」が取り付けられている。この塔は、宮殿が完成した後、１３３８年から１３４８年にかけて建造された。

「マンジャ」という名称は、建築当初、鐘をついていた男が「マンジャグアダニ」（「食い扶持《ぶち》を手に入れる」というような意味）と呼ばれていたことに由来する。鐘つき男は稼いだお金のすべてを飲み食いに使っていたので、こう呼ばれていたらしい。ちなみにイタリア語では、食べることを「マンジャーレ」という。

マンジャの塔の高さは１０２メートル、イタリアでは2番目に高い。87メートルのところに鐘楼があり、観光客はそこまで上れる（有料）。上から見ると、広場が貝殻の形をしていることがよくわかり、世界一美しい広場が実感できる。ただし、５０５段の階段でエレベーターはない。フィレンツェのドゥオーモのクーポラを断念した人はあきらめたほうがいい。雨の日は閉鎖されている。

塔の入口下の部分に、白い「広場の礼拝堂」がある。これは、１３４８年にシエナを襲ったペストが終了したことに感謝して、１３５２年から１３７６年にかけて造られたものである。

アッシジ

アッシジ（Assisi）は、人口2万8000人の小さい町だ。こんな小さな町に世界中から多くの観光客が訪れるのは、「これだけは見なければいけない」というものがあるからだ。それが、「聖フランチェスコ教会」である。

フランチェスコは、英語やスペイン語で「フランシスコ」。つまり、聖フランチェスコは「サン・フランシスコ」である。アメリカのサン・フランシスコも、元をたどれば、アッシジのフランチェスコから来ている。この教会は、その聖フランチェスコを祀っている教会なのである。

では、聖フランチェスコとは誰なのか。

フランチェスコは、1182年にアッシジで生まれた。ピサの斜塔が建設されていた時代でもある。

フランチェスコは本名ではない。本名を「ジョヴァンニ」といった。

父親はアッシジの豪商で、母親はフランス、プロヴァンス地方のお嬢様だった。父親は、フランスに行って織物を仕入れて、ウンブリア地方の加工業者に売っていた。フランスかぶれの父親は、息子のことも「フランス風の男の子」という意味の「フランチェスコ」と呼んでいた。周りの人もいつのまにか、彼のことを「フランチェスコ」と呼ぶようになった。

ところで、アッシジはウンブリア地方にあり、州都は「ペルージャ」である。11世紀、アッシジは都市国家として独立していたが、ペルージャとはとにかく仲が悪かった。

　フランチェスコが24歳のとき、ペルージャとの戦争があり、彼も参戦した。そのとき、負傷して捕らえられ、牢に入れられた。幸い、父親が裕福だったので、身の代金を払って釈放してもらい、アッシジに戻ることができた。しかし、熱病にかかって生死を彷徨ったりした。

　そのような経験をすると、物の考え方が変わってしまうようだ。フランチェスコはそれから人間が変わってしまった。神への信仰と、恵まれない人達への救護に生涯をささげるようになった。

　１２０５年のこと、アッシジの東南にあるサンダミアーノ教会でお祈りをしていたとき、祭壇にあった「十字架のキリスト」が突然彼に話しかけた。信仰心がなければ信じ難い話であるが、カトリックの世界では、このような奇跡はよく起こる。

　キリストはフランチェスコに「この教会を建て直してほしい」と言った。サンダミアーノ教会は、とても荒れ果てていたらしい。フランチェスコは、キリストの言ったとおり、建築資材を運んで、一人でその教会の修復に取りかかった。それを見た町の人達は、彼は気が狂ったと思った。

　父親は、息子に商売を継がそうと思っていたが、彼は商売を継ぐどころか、商売用の織物を隣町で売って教会の資金にしようとまでした。父親はアッシジの司教、グイードのところへ息子の相談に行った。

ところが、司教はフランチェスコの良き理解者となって、関係者をサンルフィーノ大聖堂（ドゥオーモ）

小鳥に説教する聖フランチェス

の前の広場に集めて事情を聞いた。後で見学するが、このときの情景を「ジョット」が描いている。

その後、フランチェスコは、仲間とともに穴のようなところに住んで活動を始めた。会則を作り、ローマ教皇インノケンティウス3世の許可も得て、サン・フランチェスコ修道士会が始まった。

フランチェスコの愛情は、広く動物にまで及んだといわれている。ジョットの絵には、「小鳥に説教する聖フランチェスコ」もある。

1224年9月17日、フランチェスコが42歳のときである。アッシジの北西にある町アレッツォ近くにあるヴェルナ山で祈りを捧げていると、6枚の翼を持った天使が空に現れ、イエス・キリストが十字架にはり付けられたときに受けた傷を、フランチェスコの体に授けた。

その後、フランチェスコは体の衰えが激しくなり、2年後の1226年10月3日に44歳で永眠した。

そして、その2年後、聖人として列せられた。同じ、1228年、聖フランチェスコをまつる教会の建築が始まり、1253年に建物は完成し、ローマ教皇インノケンティウス4世によって「献堂式」（建物を神の宿る家にする儀式）が行われた。その後も工事が続けられ、アッシジは聖地となって、全世界から巡礼者が訪れるようになった。


〈聖フランチェスコ教会〉

非常に大きな教会で、上の階と下の階とに分かれる2階建である。

教会内部では、大きな声でガイドが案内することが禁止されているので、たいてい外で説明してもらってから、内部は自由に見学する。

2階建教会の上の聖堂と下の聖堂は中でつながっている。入口で手荷物検査があり、内部は写真禁止となっている。

上の聖堂[※1]では、ジョットによって描かれた、聖フランチェスコの生涯の28枚の壁画を見ることができる。時間があれば、じっくりと鑑賞したい。

特に、「小鳥に説教する聖フランチェスコ」「世俗からの離脱」「聖フランチェスコの死」「聖痕の奇跡」などはぜひ見ていただきたい。

下の聖堂は、ジョットによる「清貧の寓意図」「従順の寓意図」「イエスの生誕」などの壁画や、チマブーエの「4人の天使を従えたマドンナと聖フランチェスコ」、ピエトロ・ロレンツェッティの「夕陽の聖母」などが見られる。

また、階段を下りて地下へ行くと、「聖フランチェスコの墓」がある。回りを取り囲んでいるのは、弟子の、レオ、マッセオ、アンジェロ、ルフィーノの墓である。

オルヴィエート

オルヴィエート（Orvieto）は、丘の上にある要塞都市で、人口2万人少々の小さな町である。

※1＝18頁②の写真

聖フランチェスコ教会

（サン・パトリッツィオの井戸）

駐車場でバスを降りて階段を少し上り、鉄道の駅と道路を横切るとケーブルカーの駅がある。

ケーブルカー[※1]に乗って丘の上に着くと、町の中心であるドゥオーモ広場までミニバスに乗り換える。ただし、ドゥオーモまでは、歩いても15分くらいの距離だ。

ケーブルカーの駅近くには、「サン・パトリッツィオの井戸」がある。

1527年、神聖ローマ皇帝カール5世によるローマ略奪の際、メディチ家出身のローマ法王クレメンス7世がローマからオルヴィエートへと逃げてきた。しばらくの間、オルヴィエートは法王の避難場所となった。

水を確保するため、クレメンス7世が建築家アントニオ・ダ・サンガッロ（イル・ジョヴァネ）に命じて造らせたのが、サン・パトリッツィオの井戸である。

30メートル掘ったところで、水でなく、エトルリア人の墓が見つかった。オルヴィエートは、紀元前280年ごろにローマ人が攻めてくる前は、エトルリア人が住んでいた。

さらに井戸を掘ってようやく、水が出てきた。井戸は1537年に完成した。アイルランドにある聖パトリック（イタリア語名：パトリッツィオ）の洞窟に似ているのでこの名がついた。

深さは62メートル、幅13メートルの円柱状の井戸で、昔はロバが水を運んでいたので、通路は狭く

※1＝18頁③の写真

サン・パトリッツィオの井戸

はない。248段の階段は、下りと上りの人がぶつからないように二重のらせん構造になっている。壁には72か所もの窓が開けられている。少し湿気があり夏でも寒いことがある。

入口で入場料を払い、まず248段の階段を下る。行きは楽だが、帰りも248段を上ることになる。

（ドゥオーモ広場）

ミニバスに乗ると、ドゥオーモ広場の前に到着する。この広場が町の中心だ。

広場の正面には、美しいイタリアゴシック様式のドゥオーモ（大聖堂）が建っている。小さな町には不釣り合いなほど立派な建物で、バラ窓のあるファサード（正面）が美しい。その上の破風の部分には、聖母マリアの戴冠のモザイクが施されている。

1263年、ボヘミアの司教がローマへ巡礼に向かう途中、この近くの町ボルセーナの聖クリスティーナ教会で奇跡が起こった。ミサの最中に、2つに割った聖なるパン（キリストの体にみたてる）から血がしたたり、聖体布を染めた。

これを知った当時のローマ教皇ウルバヌス4世が、その聖体布を納めるために、1290年からドゥオーモの建築が始まった。

ドゥオーモ

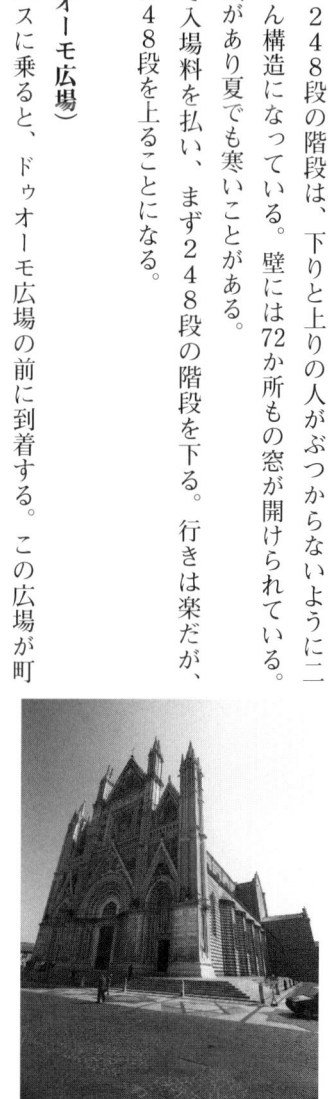

西側入り口から入って、まっすぐ進んだ左手側にあるコルポラーレ礼拝堂の祭壇に、聖体布は納められている。反対側には、ミケランジェロが手掛けたシスティーナ礼拝堂の最後の審判の壁画の参考になったフレスコ画が飾られた「サン・プリーツィオの礼拝堂」がある。

ドゥオーモの建築は、1290年11月に、ニコラス4世によって最初の石が置かれ、多くの建築家、彫刻家、画家、モザイク師によって手が加えられた。ロマネスク様式で始まったが、途中からイタリアゴシック様式へと変わった。1591年に完成、1795年に改築された。

カヴール通りは、メイン通りで、レストランやみやげ物店などが多く並んでいる。

オルヴィエートは白ワインの産地で、ワインを飲ませてくれる店やワインを売るみやげ物店も多い。

「モーロの塔」は高さ42メートルの、見張り台だったところで、モーロ人（北アフリカのイスラム教徒、ムーア人ともいう）の首がこの塔に結ばれて、騎士たちがそれに槍を投げて競ったことがあるからそう呼ばれるといわれている。塔に上って町を一望してもよい（有料）。

また、塔の裏側には、12世紀に教皇の宮殿として建てられた「ポポロ宮殿」がある。13、14世紀には、ローマ教皇たちが隠れ住んで、黄金時代を築いた。

オルヴィエートは丘の上にある

他に、13世紀に建てられ16世紀に改築された市庁舎や、聖アンドレア教会など見どころもあるが、町を散歩するだけでも楽しい。

ドゥオーモ広場から歩いてケーブルカー駅に戻るには、みやげ物店などが並ぶドゥオーモ通り[※1]（Via Duomo）を通り、「モーロの塔」のあるカヴール通り（Corso Cavour）を右にずっと歩いていけばよい。端から端まで歩いても2キロに満たない小さな町ではあるが、観光時間が1時間程度の場合は、ちょっとあわただしい。2時間あれば結構ゆっくりと散策できる。

チヴィタ・ディ・バニョレージョ

「天空の町」として名高いチヴィタ・ディ・バニョレージョ（Civita di Bagnoregio）は、世界遺産ではないが、フィレンツェからローマへバスで南下するとき、時折ツアーで訪れることがある。

チヴィタは、下の町バニョレージョと長さ300メートルの橋によってつながっており、「天空の町」として知られている。

チヴィタの町までは大型バスでは行けないので、バニョレージョのパーキングで下車した後、シャトルバスに乗り換えて、橋の手前で降りる。階段を下り

※1＝18頁⑤の写真

天空の町と呼ばれるチヴィタ

て入場券を買い、チヴィタへの橋を歩いて渡る。※1＝18頁⑧の写真 橋の下から見上げると、天空に浮かぶ城のように見える。

歩行者用の橋を３００メートル歩いて行くわけだが、上に行くほど狭くなり、最後の方は勾配もかなり急なので、ぜひ、歩きやすい靴を履いていくことをお勧めする。

上りきったところで門をくぐって細い通りを行くと、広場の前に12世紀に創建されたという小さなサン・ドナート教会[※1]がある。カフェやレストラン、バール、香水などの土産物を売る店、チヴィタの歴史がわかる小さな博物館などもある。

チヴィタは、２５００年以上も前にエトルリア人によって作られた大変古い町である。しかし、自然の浸食によって徐々に崩壊が進み、１７６４年の大地震によって、バニョレージョにつながる道が崩壊して孤島となってしまった。そのため、チヴィタに住んでいた人々がバニョレージョに移ってしまい、チヴィタは廃墟となった。

１９６５年に橋が架けられ、今のように歩いて行き来ができるようになった。

ローマとその近郊

本章で案内するローマの世界遺産

・ヴァティカン市国（1984年）
・ローマ歴史地区、教皇領とサン・パオロ・フオーリ・レ・ムーラ大聖堂（1980年）
・ティヴォリのエステ家別荘（2001年）
・ヴィッラ・アドリアーナ（ティヴォリ）（1999年）

ローマ、コロッ

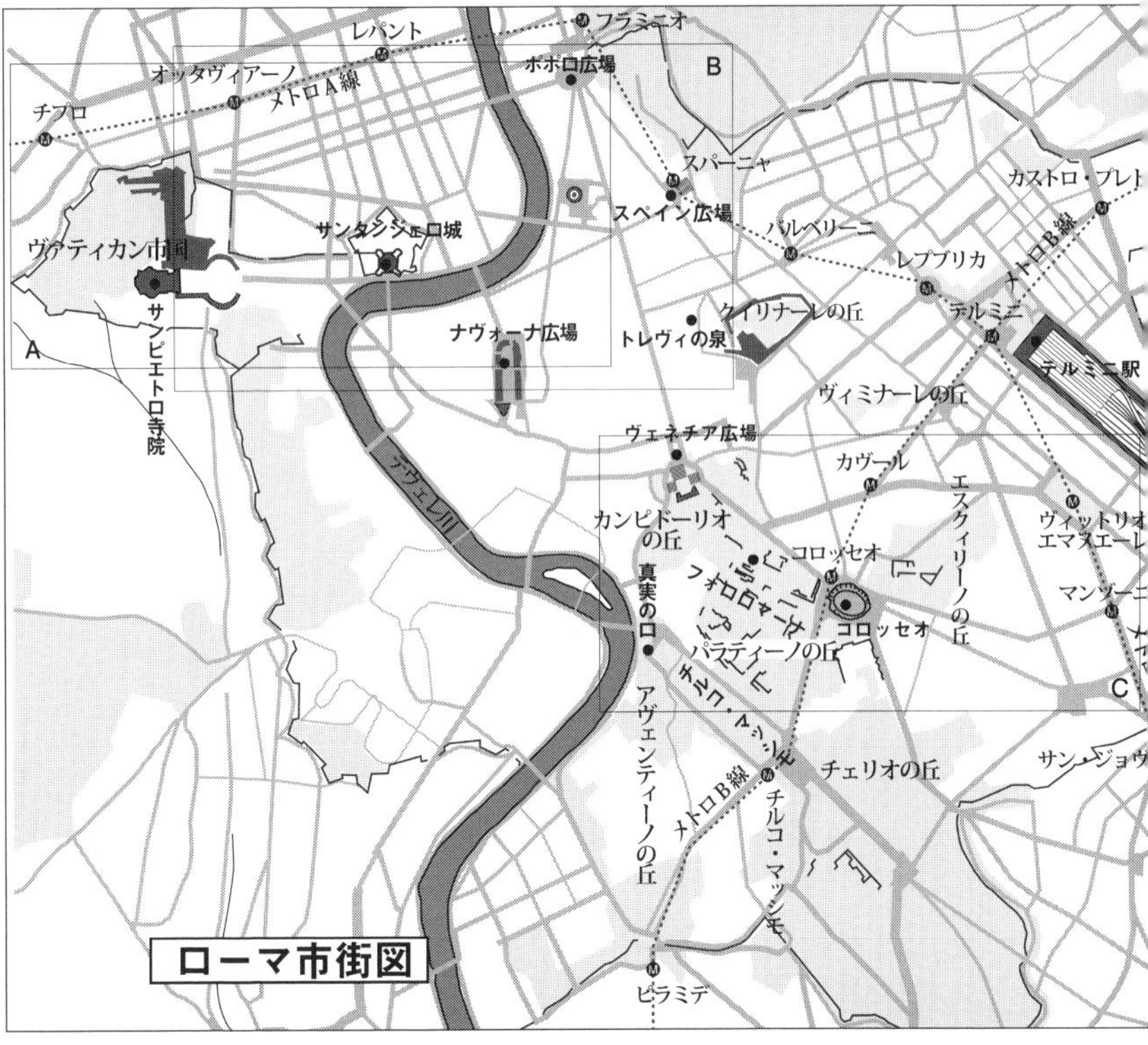

ローマ市街図

ヴァティカン

ローマでの観光は、ヴァティカン（Vaticano）から始まった。

さて、「ヴァティカン」だが、よくツアーの参加者からの質問で、「ヴァティカンは一つの国ですか、それともイタリアですか、ローマですか、パスポート検査はあるのですか」と訊かれる。

簡単に言うと、答えは、「ヴァティカンは独立国だが、パスポート検査は不要」となる。ただ、これだけではよくわからない。

そもそも、なぜ、このような小さな独立国ができたのか。

「新しい国、イタリア」の項で少し触れたとおり、イタリアという国は1861年に、それまでの都市国家を併合してできた。1870年にローマを併合して翌年には首都としたが、ローマは教皇領であった。新しいイタリア政府と教皇庁とはうまくいかなかった。

ローマ教皇領は、ローマの西の端であるヴァティカンに押しやられるような形となった。そして、「ヴァティカンの囚人」とまでいわれた。

ヴァティカンという名称は、この地区がヴァティカヌスの丘と呼ば

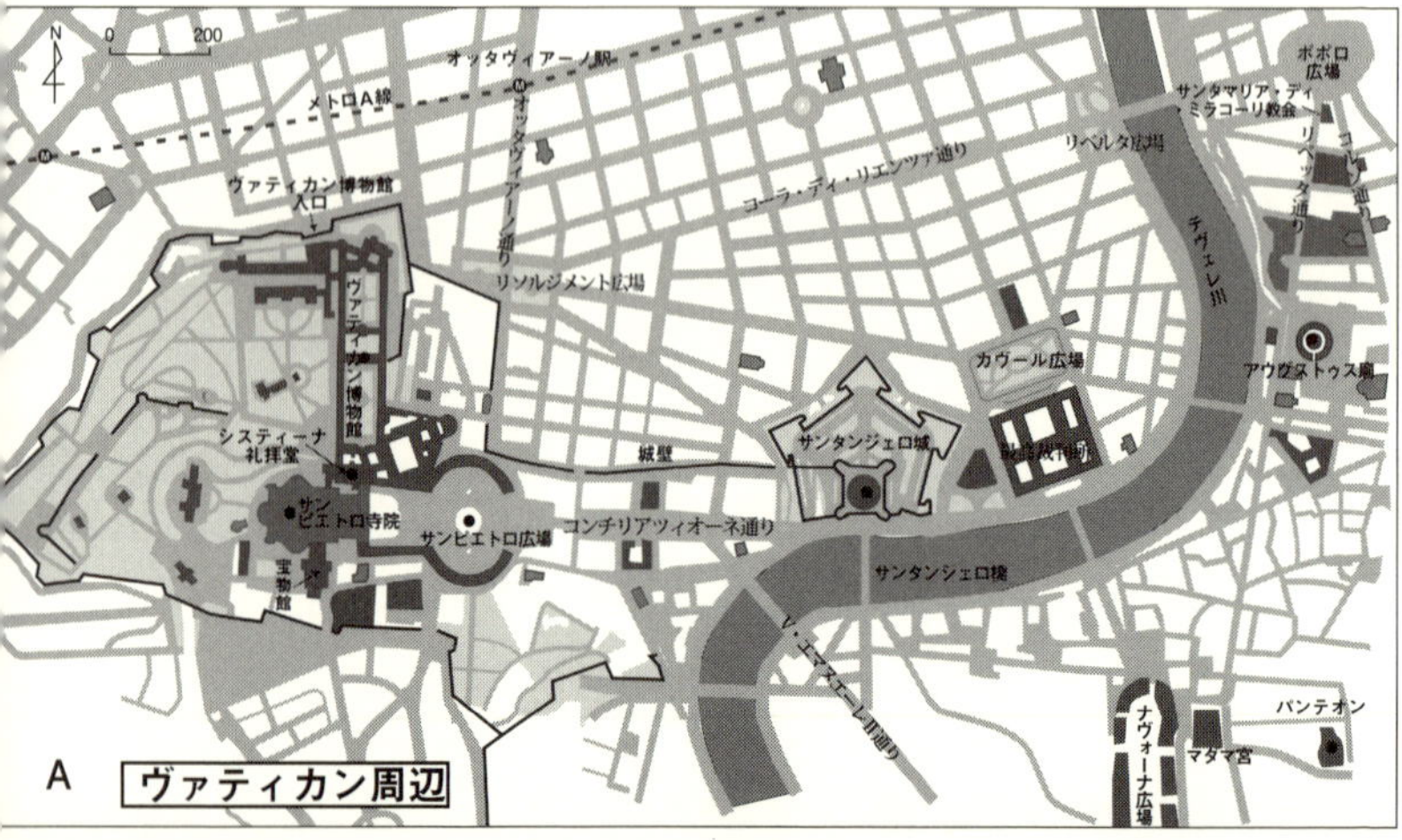

A ヴァティカン周辺

れていたことに由来する。

１９２９年、ムッソリーニとローマ教皇ピウス11世の間でラテラーノ条約が締結され、ヴァティカンは一つの国として独立した。２月11日だから、日本の建国記念日と同じである。

「ヴァティカン市国」は、総面積が０・44平方キロメートル、といっても分かりにくい。「日比谷公園の3倍くらいの面積です」とガイドが説明したが、東京に住んでいる人以外は日比谷公園そのものの大きさが想像できない。

０・44平方キロは、この面積を正方形にしてみると、６６４メートル四方くらいである。端から端まで1キロ弱なので、20分くらいで歩ける。世界で一番小さい国である。

城壁で囲まれており、その中に、ヴァティカン博物館とローマ教皇の宮殿、そして、これから見学するサンピエトロ寺院などがある。

国境を示す線はあるが、入るのにパスポートの検査を受けるようなところはない。イタリア語が話され、ユーロが使用されている。ただ、郵便局と電話局は独自のものを持っている。ヴァティカンの切手を貼って投函する場合は、必ずヴァティカンで投函しなければならない。

今は携帯電話の時代であるが、昔はヴァティカン専用のテレフォンカードを買わないと、公衆電話が使えなかった。

人口は１０００人に満たないが、ヴァティカン市民のほとんどは聖職者である。ヴァティカンで働いている一般の人は、ローマ市内から通勤している。

1984年にヴァティカン全体がユネスコの世界遺産となった。

（サンピエトロ寺院）

サンピエトロ寺院の前にのびる道路は、ムッソリーニの時代に造られ、「コンチ[※1]リアツィオーネ通り（Via della Conciliazione）」と呼ばれる。「和解」という意味である。1929年2月11日のラテラーノ条約での和解を記念して造られた。それまでは、ヴァティカンの住宅があったのだが、それを取り壊して大通りを造った。サンピエトロ寺院前の広場は、「サンピエトロ広場」と呼ばれ、16世紀の有名な建築家、ベルリーニが造った。

広場は丸い形をしている。寺院に向かって広場の左右に並んでいる円柱は284本、付け柱88本の列柱廊となっている。バラバラに並んでいるように見えるが、ある[※2]一カ所に立って見ると、4本の円柱がきれいにそろって、1[※3]本しか立っていないように見える。広場の真ん中には、28メートルの高さのオベリスクが立っている。

私たちが広場に到着したときは、列柱廊の端まですでに行列ができていた。全員、サンピエトロ寺院に入る人たちである。入場には荷物検査があり、順番に並んで入る。

「この程度の列だとたいして待ち時間は長くありません。10分か20分もあれば入場できます。多いときには、広場を4分の3周するところまで並んでいますよ」と、ガイドが言った。

サンピエトロ広場とサンピエトロ寺院

※1＝20頁⑧の写真、※2＝20頁⑥の写真、※3＝20頁⑤の写真、

サンピエトロ寺院には、短パン、ミニスカート、ノースリーブでの入場はできない。イタリアの教会はほとんど同様であるが、特にここは厳しい。冬にノースリーブで歩く人はいないが、夏には気を付けたい。しかし、検査で引っかかっているのは、たいてい欧米人だ。

サンピエトロ寺院（Basilica di San Pietro）は、「ピエトロ」のために造られた。ピエトロはイタリア語で、「ペトロ（ペテロ）」のことだ。ペテロとは、キリストの12の使徒の1人である。本名を「シモン」といい、漁師であったところ、キリストの最初の弟子となった。

ペテロというのは、ギリシャ語で「岩」を意味している。シモンは力があり、頑健で、また頑固でもあったので、ペテロと呼ばれるようになった。

キリストが十字架にかけられたのは、第2代ローマ皇帝「ティベリウス帝」の時代である。数年の内にキリストの教えは広まったが、多くの信者は処刑された。

その後、西暦64年に、第5代ローマ皇帝「ネロ」によるキリスト教への大迫害があり、ペテロは逆さに張り付けにされて殉教したと信じられている。

313年にローマ皇帝「コンスタンティヌス」によってキリスト教は公認され、聖ペテロの墓の上に、寺院が建てられることになった。当時は、木造建築だった。

15世紀に入り、ニコラウス5世が修復を計画した。しかし、実際には16世紀に入ってからユリウス2世のもとで設計者ブラマンテが選ばれて修復が始められた。その後、ラファエロなどの建築家が後を継ぎ、１５４６年以降は、ミケランジェロが主任建築家となった。ミケランジェロは、「ドーム」の設計も行ったが、残念ながら完成前に亡くなっている（１５６４年）。

ドーム（クーポラ）は１５９３年に完成した。１３６メートルのドームの屋上には上ることができる。途中まではエレベーターで上り、最後は階段を上る。

内部では、ミケランジェロが１４９９年に完成させた大理石の「ピエタ」[※1]を見ることができる。ミケランジェロ25歳のときの作品である。

「ピエタ」とは、十字架から降ろされたキリストを抱く聖母マリアの彫刻や絵画のことである。

ミケランジェロは、その後、フィレンツェに戻って、ダビデ像を製作した。

ピエタは防弾ガラスで囲まれている。一度、外国人によって石でマリア像がたたかれたためである。

「サンピエトロ寺院内部は、写真撮影できます。ビデオもフラッシュも大丈夫です。ただし、お祈りをしている人は撮らないでください。また、ポーズ写真は禁止です」とガイドが説明した。

（ヴァティカン博物館とシスティーナ礼拝堂）

ツアーにヴァティカン博物館の見学が含まれている場合は、通常、こちらを

ヴァティカン博物館の行列

※1＝20頁④の写真

先に見学し、そのまま内部を通ってサンピエトロ寺院へと入っていく。

入口は団体用と個人用の2箇所に分かれているので、個人で行く場合は間違えないよう注意が必要だ。朝早く行っても、たいていの場合、高い塀沿いに長い行列ができている。

入口を入ると、中で手荷物検査がある。ツアーの場合はガイドが説明してくれるが、個人の場合は、博物館に入ったフロアで、忘れずにオーディオガイドを借りよう。日本語用もある。


ところで、ヴァティカン博物館といえば、システィーナ礼拝堂に人気が集中するが、ヴァティカン博物館の構造はまず、ヴァティカン宮殿という建物があり、その中に複数の博物館が存在する。

一般的なツアーでは、北側にあるヴァティカン博物館の入口から南端に位置するシスティーナ礼拝堂（Cappella Sistina）まで歩きながら見学する。※1
システィーナ礼拝堂を見るだけでも価値はあるが、自由見学で時間があれば、「ラファエロの間」や、多くの絵画を集めた「ピナコテカ」、ローマ皇帝やローマ神話の神などの古代彫刻のコレクションが見られる「ピオ・クレメンティーノ美術館」なども、じっくり見学したいものだ。

ヴァティカン博物館のメインは何といってもシスティーナ礼拝堂のミケランジェロの天井画と壁画である。しかし、たいていの場合、礼拝堂の中は身動きできないくらい大勢の人で込み合っている。

また、システィーナ礼拝堂の中では、カメラ、ビデオは禁止である。

※1＝19頁④⑤⑥の写真

天井いっぱいに旧約聖書の物語が描かれている。絵を鑑賞するだけでも大変な価値があるが、できれば簡単でいいから事前に旧約聖書の内容を理解しておくと楽しみは倍増する。

アダムの肋骨からイヴが創造され、神に感謝を捧げるシーン、禁断の実を食べて楽園を追放されるところ、ノアの洪水の話など、興味深い絵が天井いっぱいに描かれている。

正面の壁一面には、「最後の審判」の壁画が描かれている。

天井画は、ミケランジェロが33歳から37歳の4年半（1508年から1512年）にかけて描いた大作である。

ミケランジェロの「本職」は、画家というより「彫刻家」だったので、教皇ユリウス（ジュリオ）2世からシスティーナ礼拝堂の天井画を依頼されたときは、あまりうれしくなかったらしい。にもかかわらず、弟子も使わず一人でこの天井画を描き続けた。

それから24年も経って、今度は教皇クレメンス7世が祭壇の壁画を依頼した。その後1535年から1541年にかけて、新約聖書のキリストの「最後の審判」をテーマにした巨大な壁画が描かれた。ミケランジェロはすでに60歳を超えていた。

新約聖書は4人の福音書記者によって書かれたが、その内の「マタイの福音書」をもとに描かれている。上の方から、天使たちの群像、天国（中心にイエス・キリストがいる）、地獄に引きずり落とさ

システィーナ礼拝堂の天井画と
正面の「最後の審判」

れる人たち、そして地獄と、4つの階層に分かれている。

システィーナ礼拝堂の建築は1475年に始まり、1481年に建物が完成、1483年に聖別された。当時の教皇は、シクストゥス4世であった。

教皇（法王）を選出する「コンクラーヴェ」は、このシスティーナ礼拝堂で投票が行われる。最近では、2013年2月にベネディクト16世が辞任後、3月にコンクラーヴェが行われ、アルゼンチン出身のフランシスコが教皇に選ばれた。

入口[※1]とは反対側の出口よりシスティーナ礼拝堂を出ると、直接、サンピエトロ寺院に行くことができる。

ローマ市内観光

パリやロンドンなど他のヨーロッパの大都市では、地下鉄の路線がいくつもあるが、ローマに限ってA線とB線の2線しかない。これは、ローマは古代の遺跡が地面に埋もれていて、地下を掘るのが大変だからである。

ローマ帝国時代の領土は、現在のローマ市の範囲だけでなく、イタリア半島はもちろんのこと、南フランスやスペイン、さらには地中海を取り囲むようにアフリカ大陸まで勢力が及んでいた。

※1＝19頁⑧の写真

しかし、その中心となるのが、今のローマ市街のあるところなのだから、この辺りにいかに建物が集中していたかは、地面を掘らなくてもわかる。たとえ、最新式の道具を使って工事を進めても、壊すのが困難なくらい、ローマ時代の石造りの建物は頑丈だったということもわかってくる。

「ローマ時代」と一口に言っても、伝承では紀元前（これからBCと訳す）753年にローマが誕生してから紀元（ADと訳す）476年に西ローマ帝国が滅びるまで、千年以上の期間があった。しかし、現在私たちが「ローマ時代の建物」と呼んでいるものは、主にローマ帝政時代のものなので、今から2千年前ごろの建築物が多い。

カエサル（ジュリアス・シーザー）が現れたのがBC1世紀、そのすぐ後をアウグストゥス（本当の名はオクタヴィアヌス）が引き継ぐ。アウグストゥスがローマ帝国初代皇帝となり、BC27年にローマの帝政時代が始まる。それから100年でローマは絶頂期を迎えた。

ローマ帝国の有名な皇帝が現れるのはこの時代である。ティベリウス、ネロ、トラヤヌス、ハドリアヌスなど、一度は耳にしたことがある名前は、みんな、この時代（1世紀から2世紀）の皇帝である。

ローマ史の解説はこれぐらいにして、これから、帝政時代に造られた建造物の中で、最も有名なコロッセオへと向かっていく。

（ヴェネチア広場周辺）

サンピエトロ寺院からコロッセオまでは少し離れているので、市街地をバスで移動する。

左手に「サンタンジェロ城（Castel Sant'Angelo）」（聖天使城）を見て、バスは「ヴィットリオ・エマヌエーレ2世通り（Corso Vittorio Emanuele Ⅱ）」を通る。この通りには17世紀から19世紀にかけての建物が多い。「途中の道を左手の方へ行くと、ナヴォーナ広場やパンテオンがあります」とガイドが説明する。

通りの突き当たりにはヴェネチア広場があり、ヴェネチア宮殿やヴィットリオ・エマヌエーレ2世記念堂が見えてくる。記念堂の前には第一次世界大戦の無名戦士の墓がある。

記念堂の裏側にはミケランジェロが設計した[※1]カンピドーリオ広場があり、コンセルバトーリ宮殿やカピトリーノ博物館、市役所の建物がある。

ヴェネチア広場（Piazza Venezia）からコロッセオまでは「フォーリ・インペリアリ通り」（Via dei Fori Imperiali）という通りがある。長い間工事中で車は通行できなくなったが、フリータイムの時にはぜひ歩いていただきたい通りだ。この通りは、１９３１年から１９３３年にかけて敷設された。

フォーリ・インペリアリとは皇帝の広場という意味で、カエサル（ジュリアス・シーザー）が最初

ヴェネチア広場から見たV.エマヌエーレ2世記念堂

※1＝21頁②の写真

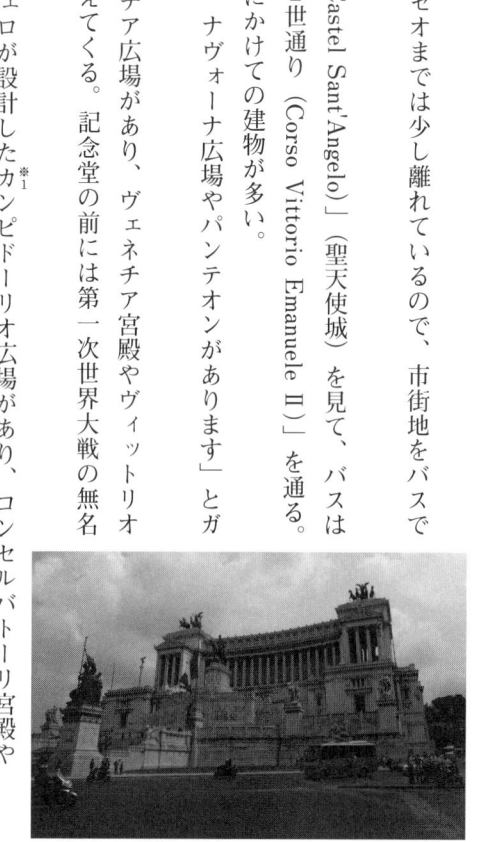

に造った広場だ。この通り沿いには、古代ローマの政治の中心地であった[※1]フォロ・ロマーノ遺跡や、反対側には、帝政ローマ時代の巨大ショッピングセンターであった[※2]トラヤヌスの市場が見える。また、この通りの下にもローマ時代の遺跡が埋まっているという。

元老院など、政治関係の建物が多かったフォロ・ロマーノ（Foro Romano）は、現在の道路よりも低い位置にある。ローマ時代の地面は現在よりも低かったのだ。その上に地面が造られ、道路が造られ、建物が建てられた。

フォロ・ロマーノは、ローマの共和制時代（ＢＣ５０９年からＢＣ27年）から帝政時代に政治が行われていたところだ。時代的には、コロッセオよりも古い。

古代ローマ帝国滅亡後、フォロ・ロマーノは土砂に埋もれ、ローマ帝国も忘れられてしまった。１８０３年に、考古学者カルロ・フェアが初めて発掘にとりかかった。ちょうどナポレオン軍がローマを制圧していたときである。

フォロ・ロマーノ

一般的なツアーでは古代ローマ遺跡の下車観光は、コロッセオくらいだが、周辺には、凱旋門、フォロ・ロマーノ、トラヤヌスの市場など古代ローマ時代の見どころが集中しているので、ゆっくりと歩いて見学したいところでもある。

ローマを観光するときは「線での見学」をお奨めする。どこへ行くからメトロの○○駅で降りて、

※1＝21頁④の写真、※2＝21頁⑥の写真

次はどこで降りて××を見るというように点と点を結ぶより、○○から××を線で結ぶように歩きながら周囲を眺めると、おもしろいものにたくさん出会うことができる。町中が野外博物館なのだ。

これからコロッセオに行くが、ローマの古代遺跡を観光していると、「トラヤヌスの市場」「カラカラ浴場」など、皇帝の名が付いた遺跡に多く出会う。

章末（１６６頁）に、ローマ帝国皇帝とその「在位」「特徴」「その時代の主な建築物」「出来事」などを整理してあるので、観光地を訪れるときの参考にしていただきたい。

(コロッセオ)

ヴェローナで見た「アレーナ」も古代の闘技場だが、規模は「コロッセオ」のほうが大きい。

今回はコロッセオ[※1]（Colosseo）の内部見学が含まれていなかったので、外でガイドが説明した後、写真タイムを少し取った。内部をゆっくりと見学したいなら、入場観光付きか、半日以上フリータイムのあるツアーを探すことである。

チケット売り場や手荷物検査場が混雑することが多いが、もしフォロ・ロマーノも見学するなら共通のチケットをフォロ・ロマーノで買うと、コロッセオほど並ばなくて済む。

※1＝22頁①の写真

コロッセオ内部

コロッセオは、ローマ市民が求める「娯楽」を提供するために、西暦72年に「ヴェスパシアヌス帝」によって建設され始めた。

フラウィウス朝の皇帝が建設したので本来の名前は「フラウィウス闘技場」であったが、そばに「コロッスス」と呼ばれるネロ帝の巨大な像が立っていたので、コロッセオと呼ばれるようになった。コロッセオとは「巨大な」という意味である。

188×156メートルの楕円形で高さは48メートル、5万人の観客を収容できたといわれている。天井部分は開放されているが、日よけ用に布を張る設備もあった。皇帝の座る席は、日光が当たらないように南側にあった。

「コロッセオは福岡ドームと同じです。東京ドームや大阪ドームは屋根が開閉できませんが、日本でも福岡ドームが完成して、やっと開閉できるようになりました。ローマでは2千年も前に屋根の開閉ができていました」と、ガイドが説明した。

ローマ市民が求めていた「娯楽」とは、「剣闘士の戦い」である。剣闘士同士、あるいは剣闘士と猛獣の戦いが、円形闘技場で繰り広げられていた。剣闘士は、ローマ市民からの志願者もいたが、主に戦争で捕えられた捕虜や奴隷であった。

剣闘士の競技がどのようなものであったか見たい人には、映画「グラディエーター」がお勧めだ。

コロッセオの回りに、剣闘士の衣装を着た人たちがうろうろしている。彼らは観光客と並んで写真を撮らせることを仕事としているモデル[※1]達である。

※1＝22頁③の写真

「一緒に写真を撮るのは有料ですよ。有料とは知らずに写真を撮って、あとで法外な金額を請求された人もいますよ」とガイドが注意を促した。

３人いるモデルの１人、白い衣装を着て台の上に立っている男に「写真を撮りたいがいくらですか」と聞いてみた。「１人２ユーロ」と答えが返ってきた。つまり、３人と一緒に撮ると６ユーロという意味だろう。その後ろで別の赤い服のモデルが「１人５ユーロ」と言うのも聞こえた。「１ユーロでは無理か」と聞くと、赤服が「バイバイ」と言って手を振ったので、写真はやめにした。白服に「誰の扮装か」と尋ねると、「ジュリアス・シーザー」と答えた。赤い服の２人は、「兵隊」だそうだ。

（コロッセオ周辺）

コロッセオのすぐそばには、凱旋門が見える。

「凱旋門といえば、パリにあるナポレオンのエトワールの凱旋門がよく知られていますね。あれは、19世紀のものです。このローマの凱旋門は４世紀のものです。どちらが価値があるかわかりますね」

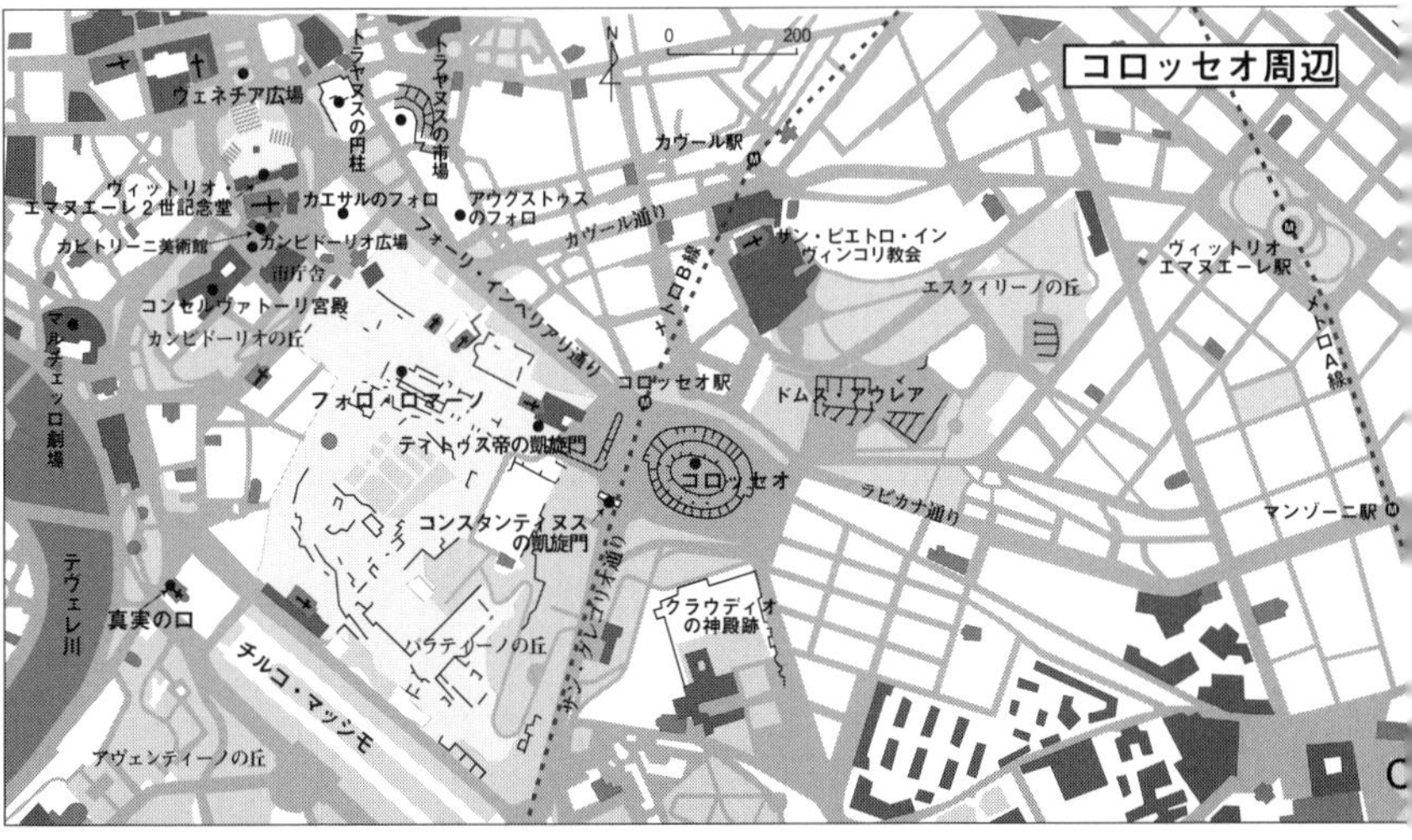

とガイドが聞いた。

ローマの凱旋門は、コンスタンティヌス帝がマクセンティウス帝との戦いに勝利した記念として、315年に造られた。ローマで最も大きな凱旋門で、高さが28メートルある。

近くにもう一つ小さな凱旋門が見える。フォロ・ロマーノの端に位置するところにあるティトゥス帝[※1]の凱旋門で、彼がエルサレムへ凱旋したときに造られた。1世紀のもので、こちらの凱旋門のほうが古い。コロッセオは、ティトゥス帝の時代に完成している。

※1＝21頁⑤の写真

ローマ発祥について

バスは、コロッセオから右手にパラティーノの丘を見ながらサン・グレゴリオ通り（Via di San Gregorio）をゆっくりと走る。パラティーノの丘は、ローマ発祥の地とされている。

ここで少しだけ、ローマ発祥の伝承についてお話したい。

現在のトルコに「トロイ」という都市がある。ギリシャ軍がトロイを攻め滅ぼしたのが「トロイア戦争」である。生き残ったトロイアの青年アエネアスが、後にイタリア半島へ上陸した。

そのずっと後の子孫である「ロムルス」と「レムス」という双子の兄弟は、赤ん坊のときにテヴェ

コンスタンティヌス帝の凱旋門

レ川に流され、メスの狼に育てられた。双子の兄弟は成長し、自分たちが流されて流れ着いた地点に町を建設することにした。その町に兄弟どちらの名前をつけるか喧嘩になり、丘に登って鳥をたくさん見たほうが勝ちということに決めた。弟のレムスは、アヴェンティーノの丘に登って6羽の鳥を見た。兄のロムルスは、パラティーノの丘に登って12羽の鳥を見た。ロムルスが勝ったので「ローマ」と呼ぶことになった。2人は町の建設を進めたが、町の壁を越えて来るものは殺すという誓約も立てた。しかし、賭けに負けたレムスは、八つ当たりしてこの壁をけり壊し、ロムルスに殺されてしまった。BC753年4月21日のことであった。これが、伝承によるローマの建国の話である。

その後、逃れたレムスの2人の子どもが、シエナの街を建国したという話は、シエナの章でふれた。

ローマは、パラティーノを初めとする7つの丘から始まったのである。

（チルコ・マッシモ）

パラティーノの丘を過ぎると、チルコ・マッシモ（Circo Massimo）が見えてくる。パラティーノの丘とアヴェンティーノの丘に挟まれたところにある。

今は草地となっているので公園のようにしか見えないが、ローマで最初の戦車競争が行われた大競技場である。端の方にはパラティーノの丘の皇帝たちの宮殿遺跡が見える。

チルコ・マッシモ

チルコ・マッシモには共和制時代よりもさらに古い歴史がある。BC7世紀の終わりからBC6世紀の初めにかけて、タルクイニウス王が造った。

その後のBC46年に、カエサルが大規模な拡張を行い、中央分離帯にエジプトのラムセス2世のオベリスクを建てた。観客席は、ハドリアヌス帝（在位117～138年）の時代に造られた。

映画「ベン・ハー」を観ると、その当時の競技の様子がよく分かる。

※1＝22頁⑥の写真

〈真実の口〉

チルコ・マッシモを過ぎると、「右手に真実の口が見えてきます」とガイドが案内した。真実の口（Bocca della Verità）は、一般的なツアーのコースには含まれていないし、バスで通らないこともあるので、今日はラッキーだ。

あまり知られていないが、「真実の口」は教会の建物に付属している。

「サンタ・マリア・イン・コスメディン教会」[※1]という長い名前の教会だが、訪ねるときは鐘楼が目印になる。教会そのものはあまり大きくない。6世紀にこの周辺に住んでいたギリシャ人のために建てられた教会である。

「真実の口」は、「Bocca della Verita（ボッカ・デッラ・ヴェリタ）」という。入口の柱廊左側にあり、多くの観光客が、口に手を入れて写真を撮るために並

真実の口

んでいる。真実の口の丸い顔は、もともとは排水口（マンホール）の蓋だったのではないかといわれている。

「ウソをついた者がこの口に手を入れると、食べられてしまう」という、中世の言い伝えがあり、ローマの休日で有名になった。

真実の口はフリータイムで訪れる人気の場所の一つだが、行列に並び、自分の番が来たら、1、2枚写真を撮ってすぐ次の人に場所を譲るためその場を退く。また、並んでいても、時間が来たらそこで閉められるので早めに行った方がいい。

〈トレヴィの泉〉

ローマ観光の最後は「トレヴィの泉」である。近くにバスを停められないので、15分ほど歩くことになる。ローマの観光は（イタリアはどこも）よく歩く。

コロッセオからスタートして、2千年前にタイムスリップしてローマ帝国時代の建造物（遺跡）を見てきたが、「トレヴィの泉（Fontana di Trevi）」はずっと新しく、18世紀に造られたものである。

ただ、泉そのものの歴史は、やはり古代ローマまで遡ることになる。

ローマの初代皇帝アウグストゥスの娘婿であるアグリッパが「アクア・ヴェルジネ（乙女の泉）」と呼ばれる水道をBC19年に建設した。ローマにはすでに

トレヴィの泉

何本もの水道があったが、アグリッパの造ったアクア・ヴェルジネが最も水質が良く、水量も多い水道だった。ここまで一本の水道橋があり、水道橋の終点であった。アグリッパは公衆浴場も造った。それ以降の皇帝たちも大浴場を建設した。ところが、ローマ帝国崩壊後、東ゴート族によって水道は破壊され、その後、900年ほどの間は衛生的とはいえないテヴェレ川の水を利用していた。

15世紀に入って、教皇ニコラウス5世の命により、アルベルティという建築家（1404〜1472）が乙女の泉を修復することになり、トレヴィにルネッサンスの美しい水盤を造った。

その後さらに16世紀に入って、ベルニーニ（ウルバヌス8世時代）が泉を改造しかけたが途中までしかできなかった。

18世紀になると、教皇クレメンス12世がコンクールで建築家を募った。そして「ニコラ・サルヴィ」が、ベルニーニの建築設計をもとに、1762年にバロック式の建造物を完成させた。これが現在見ることのできる「トレヴィの泉」である。「トレヴィ」とは「3つの道」という意味だ。

19世紀には、この泉の水を飲んだあと、後ろ向きにコインを投げると再びローマに戻れるといわれるようになった。今はこの水を飲めないが、コインを投げる習慣は続いている。

「コインを1つ投げると再びローマへ戻れます、2つ投げると良い人に巡り会います」とガイドが説明した。泉に投げられたコインは後で回収され、寄付にまわされるとのことである。

トレヴィの泉周辺はスリが多いので、投げるコインは、バスを降りる前に準備しておいたほうがいい。

ローマの休日の中でオードリー・ヘップバーンが髪を切るシーンがある。その舞台となった美容院がトレヴィの泉の近くにあったが、今はみやげ物店[※1]になっている。

トレヴィの泉で観光は終わり、フリータイムとなった。


（スペイン広場と階段）


スペイン広場は、トレヴィの泉から歩いて10分くらいのところにある。

トレヴィの泉から、ドゥエマチェリ通り（Via Due Macelli）かプロパガンダ通り（Via di Propaganda）を歩いて行くと、スペイン広場のすぐ手前に「無原[※2]罪の聖母の記念円柱」が見えてくる。17世紀にスペインの教皇庁付き大使館[※3]が建てられたことに由来する（今もある）。赤と黄色のスペイン国旗をかざしている建物がそれだ。

「なぜイタリアなのにスペイン広場なんですか」という質問をよく受けるが、スペイン大使館があったことから、そう呼ばれるようになった。

スペイン広場は、階段の下にある広場である。広場の中央にある噴水は、「バ[※4]ルカッチャの噴水」といって、巨匠ジャン・ロレンツォ・ベルニーニ監督の父「ピエトロ・ベルニーニ」によって、17世紀に造られた。

「スペイン階段」と呼ばれている階段の本来の名称は、トリニタ・デイ・モンティ階段（Scalinata della Trinità dei Monti）である。１７２３年に造られ、ローマの休日でオードリー・ヘップバーンが

※1＝23頁②の写真、※2＝23頁③の写真、、※3＝23頁④の写真
※4＝23頁⑦の写真

スペイン広場から見るスペイン階段

※1＝23頁⑥の写真、※2＝23頁⑧の写真

アイスクリームを食べながら下りてくるシーンで有名になった。階段の上には、トリニタ・デイ・モンティ教会がある。フランス王ルイ12世によって建設された。

　スペイン広場前から西へ延びる通りは「[※1]コンドッティ通り」といって、高級ブランドの店がずらっと並んでいる。

「コンドッティ」とは、水道管を意味する。トレヴィの泉のところで説明した水道（アクア・ヴェルジネ）の通路だ。15世紀半ばに、アルベルティによって再生された。このときから、コンドッティと呼ばれるようになった。この水道管は、スペイン広場からトレヴィの泉を結んで走っている。

コンドッティ通りには、1760年創業の老舗のカフェ「[※2]カフェ・グレコ」がある。このカフェは外国の芸術家のたまり場となった。ゲーテ、アンデルセン、マークトゥエイン、スタンダール、バイロン、ビゼー、ワーグナー、リスト、ベルリオーズやカサノヴァまでもが訪れている。

「グレコ」という名は、ギリシャ人が開店したことにちなんでいる。イタリア語でギリシャ人のことをグレコという。

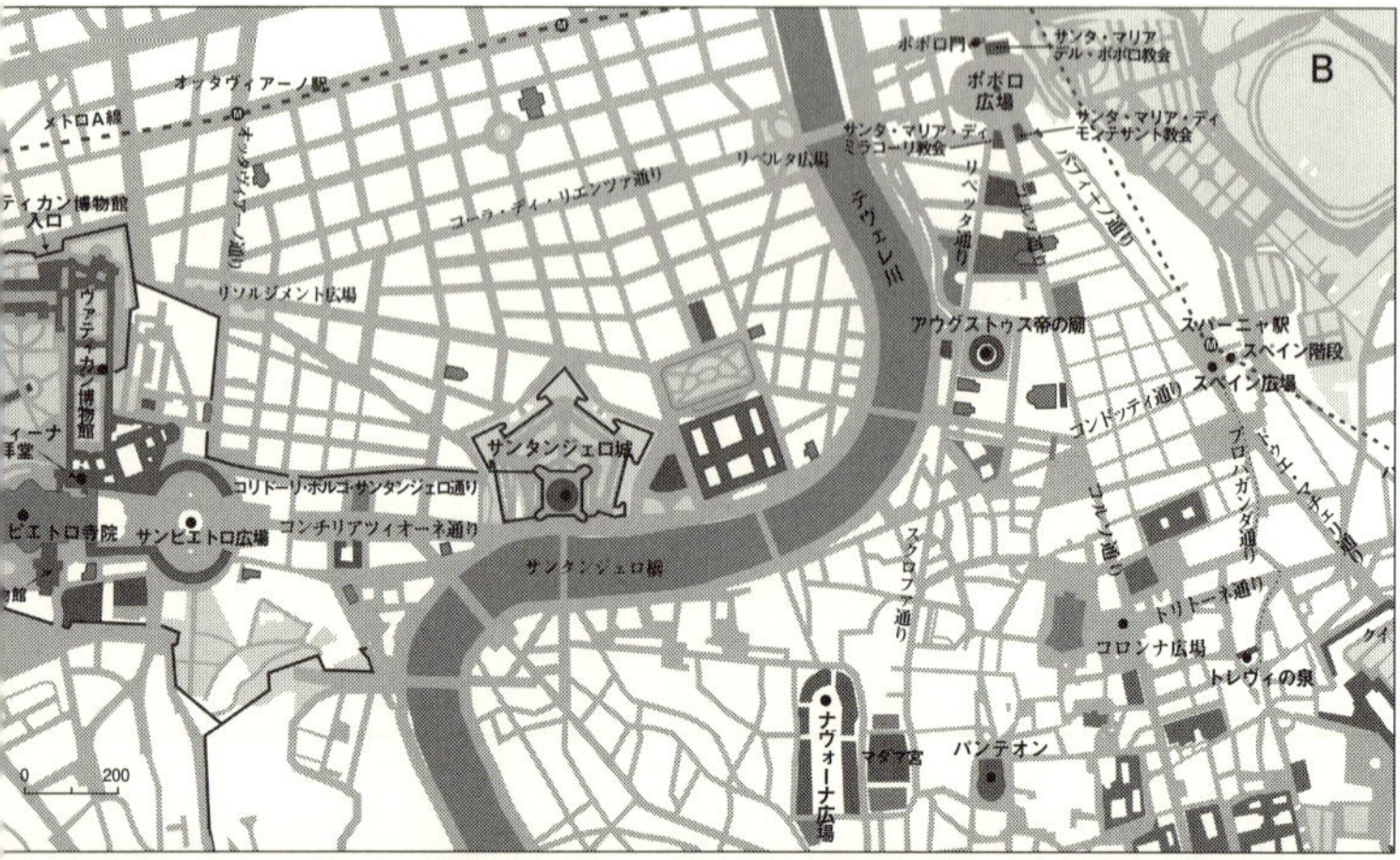

ローマでのフリータイム

一日たっぷりフリータイムがあって遠出をする人や買い物をする人は別だが、半日程度のフリータイムで、トレヴィの泉やスペイン広場で解散したあと歩いて回れる、ツアーのコースには入っていない、バスでの車上観光でも通らなかったところを紹介しておく。

（ポポロ広場）

まず、スペイン広場から近いのが「ポポロ広場（Piazza del Popolo）」である。広場からスペイン階段に向かって左の筋、「バブイーノ通り（Via del Babuino）」を、とにかく真っ直ぐ、600メートルほど歩いて行く。途中左に、バブイーノの噴水が見える。通りの正面にオベリスクが見えてくるのでそれに向かって歩く。さらに、歩くと、左手に双子[※1]の教会と呼ばれている「サンタマリア・ディ・モンテサント教会」とその西側に「サンタマリア・デイ・ミラコーリ教会」が見える。この教会の前の広場がポポロ広場である。

双子の教会の反対側に、[※2]ポポロ門と「サンタ・マリア・デル・ポポロ教会」がある。

広場の真ん中に、アウグストゥス帝のオベリスクが立っている。紀元前13世紀のものを、アウグストゥス帝がエジプトから持ち帰ってチルコ・マッシモ（競技場）に建てたのだが、16世紀にここへ持ってきた。

ポポロ広場

※1＝24頁②の写真、※2＝24頁①の写真

サンタマリア・デイ・ミラコーリ教会の右手、「リペッタ通り（Via di Ripetta）」を南へ向かって下ると、途中左手にアウグストゥス帝廟[※1]が見える。

そこからさらに、まっすぐ南へ歩き、マダマ宮のところを右に曲がると「ナヴォーナ広場」、左に曲がると「パンテオン」へ行ける。

※1＝24頁③の写真

（ナヴォーナ広場）

ナヴォーナ広場（Piazza Navona）は、古代ローマ時代の競技場の形をしている。なぜなら、古代ローマの競技場跡がそのまま残って、このような形の広場となったからだ。コロッセオを造ったヴェスパシアヌスの2番目の息子「ドミティアヌス帝」が造った競技場である。

広場の真ん中にある噴水は、ベルニーニ作の「4大河の噴水」で、17世紀半ばに造られた。4大河とは、ナイル川、インダス川、ドナウ川、ラプラタ川のことで、それぞれの川の寓意像が見られる。広場の真ん中にはオベリスクが立っている。北側に「ネプチューンの噴水」、南側に「ムーア人の噴水」がある。

地下鉄の駅からは離れているが、地元の人やヨーロッパからの観光客がよく訪れる場所で、広場の周りにはたくさんのレストランやバーが並んでいる。広場では、絵かきや、ギターを弾く人もいる。

ナヴォーナ広場

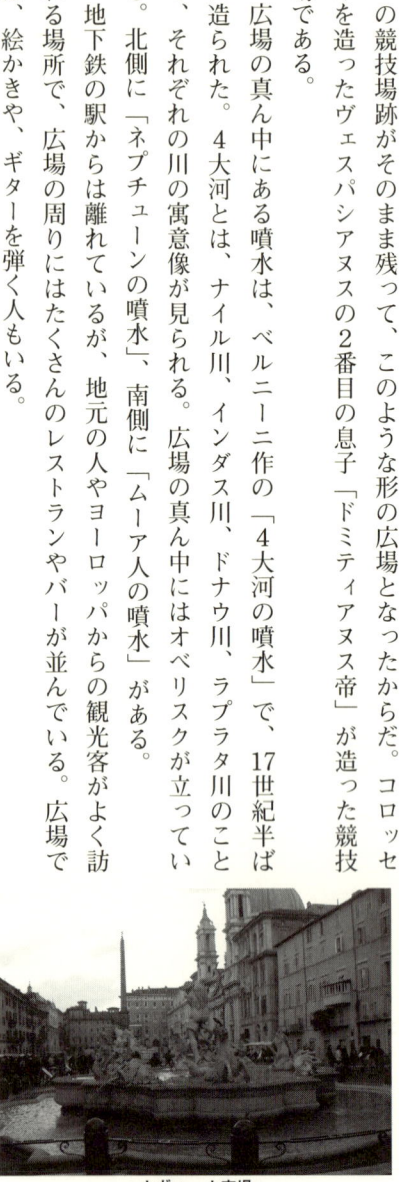

（パンテオン）

パンテオン（Pantheon）は、古代ローマ時代の建造物であるが、遺跡というより、ほぼ完全な状態で残っている非常に貴重な建物である。

現在の建物は、１９００年前のハドリアヌス帝時代（ＡＤ１１７～１３８）に建てられたものである。

この建物は、ＢＣ25年にアグリッパが建てたが焼失した最初のパンテオンの上に建てられている。アグリッパは、初代ローマ皇帝アウグストゥスの友人で将軍であり娘婿でもあった。建物の入口にある柱の上には、アグリッパの名が刻まれている。その後、教会として使われていた。内部には、イタリアを統一した「ヴィットリオ・エマヌエーレ2世」の墓や画家「ラファエロ」の墓もある。

パンテオン

（サンタンジェロ城）

オードリー・ヘップバーンの「ローマの休日」といえば、「スペイン階段」や「真実の口」ばかりがクローズアップされるが、映画にはコロッセオも出てくるし、他にもローマのいろんなところが登場する。

オードリー扮する王女が「トレヴィの泉」の近くで髪を短く切ったとき、美容師に夜のダンスパーティーに誘われる。そのパーティーの会場となるのが「サンタンジェロ城」だ。王女はサンタンジェロ城の外側広場で催されているパーティーに行く。[※1 = 24頁⑦の写真] そしてパーティーの最後にテヴェレ川に落ちて、泳いで岸へ上がるというシーンがあった。

「サンタンジェロ」は日本語で「聖天使城」といわれているが、ローマ帝政時代、ハドリアヌス帝の廟墓（ハドリアヌス帝とその家族のための墓）として１３５年から建てられたものである。ハドリアヌス帝が亡くなった翌年の１３９年、アントニウス・ピウスの時代に完成した。埋葬されたのは、ハドリアヌス帝、アントニウス・ピウス帝、ルキウス・フェルス、マルクス・アウレリウス、コンモドゥス、セプティミウス・セヴェルス、カラカラ、ゲタと彼らの家族であった。つまり、五賢帝時代のハドリアヌス帝からセヴェルス朝時代までの皇帝たちである（章末の「ローマ帝国皇帝史」参照）。

アウグストゥス帝の廟墓もそうだが、当時の廟墓は円筒形のものが多い。後に、この建物は政治犯の牢獄として用いられるようになった。また、14世紀からは、要塞として使われた。

サンタンジェロ（Sant'Angelo）と呼ばれるようになった理由は、５９０年にローマでペストが大流行したとき、当時の教皇グレゴリウス１世が、この城の頂上に大天使ミカエルが剣を鞘に収める姿を見たことによる。その後、ペストの大流行が終息したので、それを記念してこの城の頂上に天使の像を設置した。これは大理石で、16世紀にラファエロ・ダ・モンテルーポによるものだ。その後、18世紀には、フェアシャッフェルトによって[※1]青銅製の像が設置された。今ではどちらも見ることができる。

城の屋上からの眺めはすばらしく、ローマ市内を360度見渡せる。ヴァティカン、ヴェネチア広場、裁判所、サンタンジェロ橋など景色は最高で写真を撮るのにはとても良い場所である。

城の前にかかる「サンタンジェロ橋」の左右の欄干には、ベルニーニ作の天使像（レプリカ）が並ぶ。天使像越しにサンタンジェロ城を撮るアングルも、絶好のカメラポイントでもある。

（コリドーリ・ボルゴ・サンタンジェロ通り）

今回は、ポポロ広場、ナヴォーナ広場方面（東）から歩いてきたが、もし時間があれば、ここからヴァティカン方面へと歩いてもいいだろう。

ピア広場から西に、コンチリアツィオーネ通りのもう一つ北の道、コリドーリ・ボルゴ・サンタンジェロ通り(Via Corridori Borgo S.Angelo)には、城壁が続いている。この城壁は、サンタンジェロ城からヴァティカンまでずっと続いている。ボルゴ（Borgo）という言葉は、ドイツ語で要塞、城などを表すブルク（Burg）がイタリア語風になまったもので、この地区をそう呼んだ。

教皇クレメンス7世は、神聖ローマ帝国皇帝カール5世（スペイン王カルロス1世）のローマ略奪の時代（16世紀）、この城壁の上を通ってヴァティカンからサンタンジェロへと避難した。

ヴァティカンを舞台とする映画「天使と悪魔」（2009年）では、今回案内したポポロ広場のサンタ・

サンタンジェロ橋から見たサンタンジェロ城

マリア・デル・ポポロ教会、ナヴォーナ広場、パンテオン、サンタンジェロ城などが全て、事件が起こる舞台として登場していた。

ティヴォリ

ローマの東30キロのところにあるティヴォリには、世界遺産が2か所ある。「ヴィラ・アドリアーナ」と「ヴィラ・デステ」で、ツアーでも立ち寄ることがあるが、個人でも、ローマの地下鉄B線のポンテ・マンモロ駅からのバスで行ける。

〈ティヴォリのエステ家別荘〉

ティヴォリのエステ家別荘（ヴィラ・デステ（Villa d'Este））は、16世紀にエステ家出身の枢機卿イッポリート2世によって造られた。

フェラーラ出身のアルフォンソ・デステは、法王アレッサンドロ6世の娘ルクレツィア・ボルジアと結婚して6人の子をもうけた。長男はエステ公（エルコレ2世・デステ）となり、次男イッポリート（2世）は聖職者となった。1549年にローマ法王が死去すると、次の法王を決める選挙「コンクラーヴェ」がヴァティカンのシスティーナ礼拝堂で行われ、イッポリート2世も法王の座を狙う枢

ティヴォリのエステ家別荘のオルガン噴水

機卿の一人であった。しかし、彼は法王の選挙に敗れ、隠匿生活をすることに決めた。ティヴォリにあったベネディクト会の修道院だった建物を住居として、そのまわりに大きな庭園を造らせたのがヴィラ・デステである。「ピーロ・リゴーリオ」という建築家によって設計された。

１５７２年にイッポリートは完成を見ずに死去、その後は甥のルイージ・デステによって別荘は引き継がれた。17世紀にはモデナの公爵家のもとで工事が続けられ、庭園は完成した。

見どころは噴水である。２時間おきにパイプオルガンを演奏するオルガン噴水をはじめ、様々な趣向の噴水が庭園の中のいたるところに存在するので、時間をかけてゆっくりと楽しみたい。

（ヴィラ・アドリアーナ）

ヴィラ・アドリアーナ（ハドリアヌスの別荘）は、２世紀の皇帝ハドリアヌスが皇帝に即位して間もないころに建てられた。彼はローマの喧騒を嫌って、静かで安らぎのある場所を求めた。

敷地面積は１・２平方キロで、皇帝の宮殿、浴場、海の劇場、ヴィーナスの神殿など、30以上の建物や、アテネの多彩色の回廊を模した「ポレキレ」といわれる池、エジプトのナイル川を模した池「カノープス」[※1]などがある。

ハドリアヌス帝は、小アジア（トルコ）を訪れたとき、アンティノウスという美少年を見初め寵愛したが、彼がナイル川で水死してしまい、大変悲しんだ。皇帝は彼を神格化して帝国内のあちこちに彼の神殿や像を建てた。この別荘内からも彼の像が見つかっている。

※１＝24頁⑩の写真

ーマ帝国皇帝史

（ユリウス＝クラウディウス朝）-----

ウグストゥス（BC27 ～ AD14）初代皇帝
の時代にイエス・キリスト誕生。75 歳で死去。
リウィアの連れ子「ティベリウス」を後継者とする。
ウグストゥスのフォロ（広場）・アウグストゥスの
殿（パラティーノの丘）・マルチェッロ劇場・アウ
ストゥス帝の廟墓・ヴェローナの円形闘技場・パン
オン（アグリッパ）》

ィベリウス（AD14 ～ 37）（以降 AD）
歳で皇帝。67 歳でカプリ島に隠遁、10 年後に死去。
の時代、キリストが磔刑にされた。

リグラ（37 ～ 41）
はティベリウス帝の甥ゲルマニクス。4 度結婚。
頭戦車レースの愛好者。ティベリウスの遺産を使い
たす。赤字補填に市民の財産没収。28 歳で殺される。

ラウディウス（41 ～ 54）
リグラの叔父。50 歳で皇帝。58 歳でネロの母親ア
リッピナ（カリグラ帝の妹で姪）と 4 度目の結婚。
歳でアグリッピナに毒殺される。
リテン島南部（イギリス）を 10 年かけて征服。
ラウディウス水道完成（テルミニ駅近くの「マッ
ョーレ門」がその一部）・オスティア港（遺跡）》

ロ（54 ～ 68）
グリッピナの連れ子。16 歳で皇帝。最初の妻を離
し殺す。2 度目の妻は妊娠中に蹴られて殺される。
の後少年と結婚。母親アグリッピナを殺す。64 年
ーマで大火。ネロが疑いをかけられたため、キリス
教大迫害を行う。聖ペテロ（サン・ピエトロ）が処
される。30 歳で自殺。68 ～ 69 年に内乱が起こる。

-（フラウィウス朝）-----
のころから、キリスト教が世界に広がり始める。

ヴェスパシアヌス（69 ～ 79）
料公衆トイレを発明。《コロッセオ着工（72 年）》

ィトゥス（79 ～ 81）
ェスパシアヌスの長男。
年 8 月ヴェスビオ火山噴火、ポンペイが埋まる。
コロッセオ完成・ティトゥス帝の凱旋門（1 世紀）》

ドミティアヌス（81 ～ 96）
ェスパシアヌスの次男。後継者なしで暗殺される。
ナヴォーナ広場」の前身となった競技場》

-（五賢帝時代）-----

ネルウァ（96 ～ 98）
老院より皇帝に選ばれた。61 歳で帝位に就く。

トラヤヌス（98 ～ 117）
ペイン生まれ。
トラヤヌスの市場・トラヤヌスの円柱・トラヤヌス
フォロ（広場）・トラヤヌス浴場・オスティア港拡張》

ハドリアヌス（117 ～ 138）
ペイン生まれ。初めてあごひげをはやした。
パンテオン再建・サンタンジェロ城（ハドリアヌス
廟）・アエリウス（サンタンジェロ）橋・ハドリア
ス帝の別荘（ティヴォリ近郊）・イギリスの「ハド
アヌスの長城」》

アントニヌス・ピウス（138 ～ 161）
ドリアヌスの養子。
アントニヌスとファウスティナの神殿（フォロ・ロ
ーノ内）・アントニヌス帝の長城（イギリス）》

マルクス・アウレリウス（161 ～ 180）
ントニヌスの甥で養子。ルキウスと共同政治（161
169）（うまく行かなかった）。
マルクス・アウレリウスの記念柱（コロンナ広場）・
ルクス・アウレリウスの騎馬像（ローマ皇帝唯一の
騎馬像ーカピトリーノ博物館内》

コンモドゥス（180 ～ 192 年 12 月 31 日）
ルクス・アウレリウスの子。
81 年にローマで大火。ヴェスタ神殿など重要な神殿
を焼失。ローマ再建工事始まる。
自ら剣闘士試合に参加、12000 人の剣闘士を殺害。
92 年暗殺される。後継者なし。（193 年に内乱）

ペルティナクス（193 年 1 月 1 日より）
首都長官から皇帝になる。即位 87 日で殺される。

ディディウス・ユリアヌス（193）
ペルティナクス没後皇帝に立候補。即位 66 日で暗殺。

-----（セヴェルス朝）-----

●セプティミウス・セヴェルス（193 ～ 211）
北アフリカ「レプティス・マグナ」（リビア）生まれ。
ユリア・ドムナと結婚。カラカラ帝とゲタ帝は息子。
《セプティミウス・セヴェルスの凱旋門（フォロ・ロマーノ内／ 203 年）・セプティミウス・セヴェルス帝の浴場跡（パラティーノの丘）》

●ベスケンニウス・ニゲル（193 ～ 194）

●クロディウス・アルビヌス（193 ～ 197）

●カラカラ（211 ～ 217）
セプティミウス・セヴェルスの息子。弟ゲタを殺害。
アレクサンドリアで市民を大虐殺。29 歳で殺される。
《カラカラ帝浴場》

●ゲタ（211）、カラカラの弟。カラカラ帝に殺される。

●マクリヌス（217 ～ 218）
カラカラ帝暗殺首謀者。アフリカモーリタニア出身。

●エラガバルス（218 ～ 222）
カラカラ帝の叔母の孫。シリア出身。「おかま」だった。
14 歳で帝位に、18 歳で殺される。
《エラガバルス神殿（後のユピテル・ウルトルス神殿）》
（土台が、パラティーノの丘に残る）

●アレクサンデル・セヴェルス（222 ～ 235）
シリア人。エラガバルスの従兄弟。13 歳で皇帝に。

-----（軍人皇帝の時代）-----
235 年から 50 年間で皇帝 20 人。帝国史上最悪の時代。

-----（復興期ー 4 分割政治）-----

●ディオクレティアヌス（284 ～ 305）
軍人。行政改革を行う。属州を 12 の管区に分け、代理人にそれぞれ治めさせる。
《ディオクレティアヌスの浴場跡》

●マクシミアヌス（286 ～ 305、307 ～ 308）
ディオクレティアヌスと共同統治。コンスタンティウスとガレリウスが副帝、4 分割政治が行われる。

●コンスタンティウス 1 世（305 ～ 306）
マクシミアヌスの副帝。引退後皇帝に。

●ガレリウス（305 ～ 311）
ディオクレティアヌスの副帝。引退後皇帝に。
テッサロニキ（ギリシャ）の《ガレリウス帝の霊廟（聖ゲオルギウス教会）》

●セウェルス 2 世（306 ～ 307）

●マクセンティウス（306 ～ 312）
《マクセンティウス（コンスタンティヌス）のバジリカ》
（フォロ・ロマーノ内）

●マクシミヌス・ダイア（310 ～ 313）

●コンスタンティヌス（307 ～ 337）
コンスタンティウス 1 世の庶子。アウグストゥス以来、唯一 30 年間皇帝。313 年、キリスト教を国教に。
330 年に首都を「コンスタンチノープル」に移す。
《コンスタンティヌスの凱旋門（315 年）（コロッセオの隣）・聖コスタンツァ教会（ローマ）・サン・ジョヴァンニ・イン・ラテラーノ大聖堂（312）・サン・パオロ・フオーリ・レ・ムーラ大聖堂（聖パウロの墓がある）》
コンスタンティヌス没後は、3 人の息子が帝国を分ける。3 人の息子は、「コンスタンティヌス（2 世）」「コンスタンティウス（2 世）」「コンスタンス」

●ユリアヌス（360 ～ 363）、ヨウィアヌス（363 ～ 364）
その後「ヴァレンティニアヌス家」が東西分割統治。

-----（テオドシウス朝）-----

●テオドシウス 1 世（379 ～ 395）
395 年にローマ帝国は東西に分裂。
《サン・パオロ・フオーリ・レ・ムーラ大聖堂（386）》

ゲルマン民族が 4 世紀末から移動開始、5 世紀にはローマに侵入。5 世紀終わりには西ローマ帝国全域をゲルマン人が支配。
455 年から 476 年の間に 9 人の皇帝が入れ替わる。最後の皇帝は「ロムルス・アウグストゥルス」（在位 475 ～ 476）。476 年退位で、西ローマ帝国は滅亡。
東ローマ帝国は、1453 年のオスマントルコによるコンスタンチノープルの陥落まで続く。

南イタリア（ナポリ近郊とアルベロベッロ他）

本章で案内する世界遺産

・ナポリ歴史地区（1995年）
・ポンペイ、エルコラーノおよびトッレ・アヌンツィアータの遺跡地域（1997年）
・カゼルタの18世紀の王宮と公園（1997年）
・アマルフィ海岸（1997年）
・パエストゥムとヴェリアの古代遺跡群を含むチレントとディアノ渓谷国立公園とパドゥーラのカルトゥジオ修道院（1998年）
・カステル・デル・モンテ（1996年）
・アルベロベッロのトゥルッリ（1996年）
・マテーラの洞窟住居と岩窟教会公園（1993年）

アマルフィ海岸、ポジターノ

マテーラの洞窟住居

トゥルッリが並ぶアルベロベッロのリオーネモンティ地区

ナポリ

ローマからナポリへは、高速道路を通って約3時間のバス旅行となる。高速列車ユーロスターなら1時間10分程度なので、ユーロスターに乗るツアーも人気がある。

ナポリ（Napoli）は、ローマ、ミラノに次ぐ、イタリア第3の都市で、人口100万人ほどである。

この町の歴史は、少々複雑である。イタリアではあるが、長い間、外国の王によって支配されてきた。特に、スペインやフランスとの関わりが深い。

例えば、スペインのアラゴン王国は、15世紀には、現在はイタリアであるナポリ、シチリア、サルデーニャあたりを支配していた。18世紀のブルボン王朝の時代には、ナポリ王がスペイン王になっている。

同じ王がナポリ王であったりスペイン王であったりす

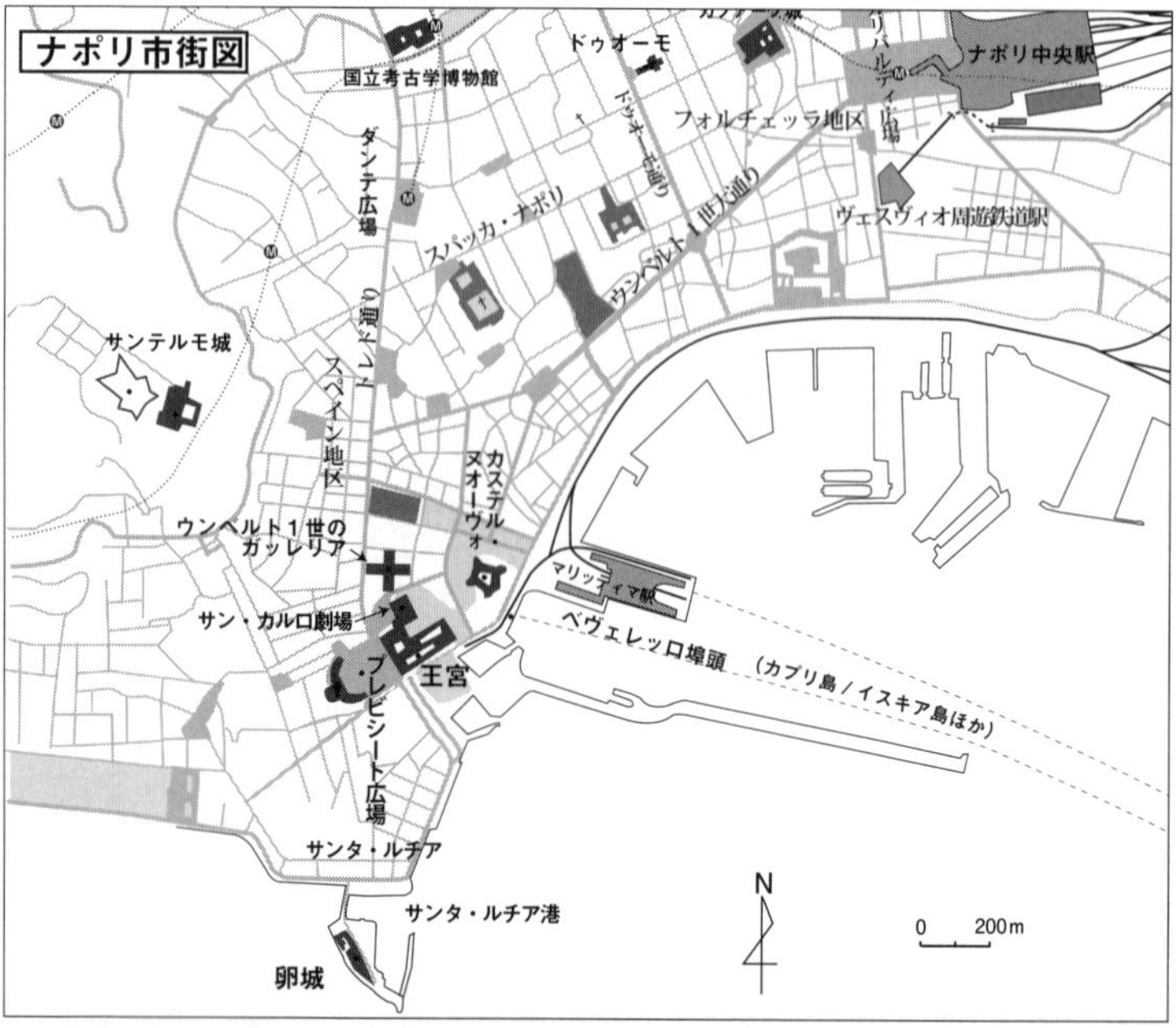

るので、イタリアでガイドから聞いた話が、スペインやフランス、オーストリアへ旅行に行ったとき、役に立つことも多い。

（ナポリ市内観光）

市街地の渋滞の中を、バスで港近くまで行くと、大きな城が見えてくる。道路を挟んで、港と反対側にあるこの城は、「カステル・ヌオーヴォ」と呼ばれている。カステルは城、ヌオーヴォは新しい、つまり「新しい城」という意味である。

13世紀の建築なので、700年以上も前のものだ。姫路城よりも古い。ヨーロッパには、日本人の感覚では「古い」のに、「新しい城」や「新しい橋」と名付けられたものがとにかく多い。造られたときに新しかったからだが、「新しい城」と名付けられている場合は、それ以前に「古い城」があって、区別するためそう呼ばれることが多い。

ここでは、「古い城」にあたるのが、サンタ・ルチアにある「卵城[※1]（カステル・ローヴォ）」である。

ナポリは、ギリシャ人の植民によって建設された都市である。「ナポリ」という名称は、ギリシャ人が「ネアポリス」（新しい町）と呼んだことに由来する。

ナポリ駅のユーロスター

※1＝25頁②の写真

その後、紀元前4世紀ごろ、古代ローマの支配下に入った。帝政ローマ時代は、アウグストゥス、ティベリウス、ネロなどの皇帝が、冬の寒い時期をここで過ごした。

ローマ帝国が崩壊した後、763年に、ナポリ公国として独立する。

ナポリは、763年にナポリ公国として独立した後、1139年には、ノルマン・シチリア王国の支配下にはいった。首都はシチリア島のパレルモで、卵城やカプアーノ城は、そのころ建設された。

その後、シチリア王国（シチリアと南イタリア）はホーエンシュタウフェン家の神聖ローマ帝国の支配下に入ったのち、1268年にはフランス・アンジュー家のカルロ1世が王位に就いた。

しかし、1282年、カルロ1世の政策に不満を募らせた住民暴動（シチリアの晩祷）を契機に、スペイン・アラゴン家のペドロ3世がシチリアに上陸し、シチリア王として即位した。

それによってシチリア王国は、アラゴン王が支配するシチリア島と、アンジュー家の支配するイタリア半島南部に2分割された。

カルロ1世はイタリア半島南部のみを支配することになったのだが、カステル・ヌオーヴォをはじめとする、ナポリに今ある多くの建造物は、その時代に建てられたのである。

カステル・ヌオーヴォ（新しい城）は、卵城やカプアーノ城が立地的に不便だったことから、1284年にカルロ1世によって建てられている。

カステル・ヌオーヴォ

当初は、シチリア側もイタリア半島側もシチリア王国を名乗っていたが、やがてイタリア半島側は、ナポリ王国と呼ばれるようになった。

フランス・アンジュー家の支配下にあったナポリ王国は、1442年に系統が途絶え、スペイン・アラゴン王国のアルフォンソ5世が征服し、ナポリ王アルフォンソ1世となった。

アラゴン王国は、イスラム教徒への国土回復戦争（レコンキスタ）中で、アルフォンソ王は、1416年にはアラゴン王、バレンシア王、バルセロナ伯、そしてシチリア王でもあった。

ヌオーヴォ城は、内部のパラティーノ礼拝堂以外は破壊されていたが、アルフォンソ1世によって1443年に再建された。

城の正面入口にある白い大理石の凱旋門は、1467年に造られたアルフォンソ1世の凱旋門である。アルフォンソ1世のナポリ凱旋行進が浮き彫りにされている。

アルフォンソ1世の死後、ナポリは、彼の庶子であったフェルディナンド1世が後を継ぎ、その後、その息子アルフォンソ2世がナポリ王となった。

スペイン・アラゴン王は、アルフォンソ1世の弟ファン2世が後を継いだ。ファン2世の息子が、カスティーリャのイサベル女王と結婚してグラナダ王国を陥落させたフェルナンド王である。

1501年から1504年までの一時期、ナポリはフランスに統合され、その後、1504年から1707年までは、統一されたスペイン（スペイン・ハプスブルク家）に、1707年から1734年はオーストリア帝国（ハプスブルク家）の支配下に置かれた。

１７３５年から１８０６年はスペイン・ブルボン家、１８０６年から１８１５年はナポレオンの時代、１８１５年から１８６０年はスペイン・ブルボン家の王が復活して両シチリア王国となり、その後、イタリア王国としてイタリアが統一され、ナポリはイタリアの一都市となった。

ヌオーヴォ城から市街に入って行くと、右手に、「ウンベルト1世のガッレリア」[※1]が見える。ミラノで見た「ヴィットリオ・エマヌエーレ2世のガッレリア」と似ているアーケードであるが、こちらのほうが20年ほど新しく、１８９０年に完成している。

ウンベルト1世は、イタリア王国を統一したヴィットリオ・エマヌエーレ2世の息子で、2代目のイタリア国王（在位１８７８年〜１９００年）であるが、１９００年に無政府主義者のイタリア系アメリカ人によって暗殺された。

反対側には、「サンカルロ劇場」の建物がある。

ナポリは、１７３５年から１８０６年の間、スペイン・ブルボン朝によって支配されていた。

ブルボン家は、元々フランスの王家であるが、スペイン王家に後継ぎがなくなったとき、フランス・ブルボン家のフィリップがスペイン王フェリペ5世として即位し、スペイン・ブルボン家が始まった。フェリペ5世の5番目の息子

※1＝25頁⑤の写真

左はウンベルト１世のガッレリア入口、右はサン・カルロ劇場

がカルロス3世なのだが、彼はスペイン王に即位する前、ナポリ王カルロ7世であった。彼の時代である1737年に、サン・カルロ劇場が建てられた。

ナポリは、スペイン継承戦争の結果、1713年からオーストリアに支配されていたが、1735年にパルマ公であったカルロが南イタリアを占領し、ナポリ王カルロ7世（シチリア王カルロ5世）として即位した。

カルロ7世はナポリを発展させた王として今でもナポリっ子に人気がある。ナポリ王に即位した後の25年間をナポリ王・シチリア王としてナポリで過ごし、サン・カルロ劇場だけでなく、あとで観光するカゼルタ王宮の建設やポンペイ、エルコラーノの古代遺跡発掘事業なども彼の命で始まった。

1759年、カルロ7世は、兄であるスペイン王フェルナンド6世の死去により、スペイン王カルロス3世としてマドリードに渡り、ナポリを去った。ナポリとシチリアの王位は、三男のフェルディナンドに譲り、1788年に死亡した。

フェルディナンドはナポリ王フェルディナンド4世に、そして、シチリア王フェルディナンド3世となった。

1799年にはフランス革命の影響で、ナポレオン指揮下のフランス軍がイタリアに侵攻し、ナポリには、半年間、パルテノペア共和国が成立。さらに、ナポレオンが皇帝であった時代の1806年から1815年までは、最初はナポレオンの兄ジョゼフ・ボナパルト、1808年からは、妹婿のジョアシャン・ミュラがナポリ王となった。

その間、フェルディナンド王は、シチリアに避難していた。

ナポレオン没落後、再び、フェルディナンドが復帰。1816年にはナポリ王国とシチリア王国を合同させて両シチリア王国とし、自らはフェルディナンド1世となった。

フェルディナンド王の没後は、息子のフランチェスコ1世が両シチリア王となり、その後は、その息子フェルディナンド2世（在位1830〜1859年）、フランチェスコ2世（在位1859〜1860年）と続いた。

フランチェスコ2世は、ドイツのバイエルンのマリア・ゾフィー・アマーリエと結婚する。彼女の姉は、オーストリア皇后のエリザベート、妹は、ノイシュヴァンシュタイン城のルートヴィヒ2世と婚約していたゾフィー・シャルロッテである（その辺りは「ドイツ世界遺産と歴史の旅」に詳しい）。

フランチェスコ2世は、1860年、イタリア統一戦争の時に逃亡した。後継ぎはいなかった。

そして、1861年に、イタリア王国が誕生、ナポリはイタリアに併合された。

サンカルロ劇場に隣接するのが王宮である。17世紀、スペイン王フェリペ3世の居城として造られたが、フェリペ3世は一度も訪れなかった。1753年にカルロ7世によって改築された。

王宮[※1]と劇場の奥に見える広場は、「プレビシート広場」で、ナポリでは一番大きな広場である。1846年に完成した、「サン・フランチェスコ・ディ・パオラ教会」[※2]が見える。広場の真ん中にある騎馬像は、カルロ7世とその息子フェルディナンド1世（4世）である。

※1＝25頁⑥の写真、※2＝25頁⑦の写真

もし、ナポリで半日以上のフリータイムがあり、ポンペイ遺跡や古代ローマに興味がある場合は、ナポリ考古学博物館の見学をお勧めする。後述するポンペイの発掘品や、王家の収集品などがたくさん展示されている。

カプリ島

（青の洞窟）

カプリ島のお目当ては、何といっても「青の洞窟」である。どの旅行会社のパンフレットを見ても、青く輝く洞窟の写真を大きく掲載している。しかし、青の洞窟には、そのときの気候や波の高さによって、入れないこともある。

この青の洞窟は、すでに古代ローマ時代に発見されていた。その後の地盤沈下によって海面下に潜った開口部から、透き通った水を通して太陽光線が入るため、洞窟の内部は下から照らされたような青い光に満ちている。

洞窟の入口の高さは、わずか1メートルほど。小型のボートが1艘ようやく通れるほどで、全員ボートの中で仰向けに寝るような姿勢で入っていく。

青の洞窟

波が高いと、入口が隠れてしまうほどなので、たとえ天気が良くても入れない。ボートには必ず船頭がついて、一緒に中に入ってくれる。聞くところによると、彼らは働いたときだけしか収入が得られないので、天気が悪く運休しているときには、仕事がないそうだ。

洞窟内に入ると中は広く、すでに先に入った何艘かのボートが見える。長さ54メートル、高さ15メートル、水深が14メートルから22メートルくらいである。中で5分くらい堪能した後は、再びボートは外に出る。

ナポリから高速船でカプリ島のマリーナグランデ港まで50分くらい。到着するとすぐモーターボートに乗り換えて、青の洞窟前まで行く。洞窟の前でモーターボートから小型ボート※1に乗り換える。天気の良いときには、多くの観光客が来ているので、ボートが何艘も停まって順番待ちをしている。1艘に4人しか乗れないので、1艘ずつ洞窟に入っていくのに時間がかかる。1時間以上待つこともあれば、15分くらいで順番が回ってくることもある。モーターボートの上、つまり海の上で待つのでトイレはない。トイレは高速船で済ませておくことをお勧めする。

一度、夏休みのバカンスシーズン中、洞窟前まで行ってモーターボートの上で2時間以上も順番待ちをしていた。もうすぐ順番が回ってくるというところで波がだんだん高くなり、急に閉鎖となった

青の洞窟の入り口

※1＝26頁②の写真

ことがある。レストランで昼食を摂る時間もなくなり、急きょ代わりにサンドイッチを人数分買って帰りの高速船にそのまま走り乗ってナポリへ戻った。

洞窟を目当てにやってきたのに入れないと非常に残念であるが、カプリ島には、青の洞窟以外にもいいところがたくさんある。

ヨーロッパからのバカンス客は、この島に何日も滞在して、その間に青の洞窟へも行くようだ。いつも思うのだが、せっかくここまで来たのだから、青の洞窟だけでなく、カプリ島内で2、3日は過ごしてみたいものだ。

〈ウンベルト1世広場〉

島の中にはいくつかの町がある。

カプリ地区の中心は、ウンベルト1世広場であり、市役所、時計塔、カフェに囲まれているとても美しい広場だ。広場のそばにある展望台からは海が望める。ここからは、マリーナグランデ地区（港）まで、ケーブルカーが出ている。

ウンベルト1世広場から奥の方に狭い通りを入っていくと、多くのブティックやレストラン、カフェ、みやげ物店などが並び、何時間いてもあきないところだ。

ウンベルト１世広場

カプリ島の名産品の一つにレモンがある。あちこちで、レモンの木を見かけたり、レモンを使ったチョコレートやリキュール（リモンチェッロ）を売っている店も見かける。まさに、ヨーロッパの避寒地である。第二代ローマ皇帝ティベリウスが隠棲したのもカプリ島だった。

カプリ地区の他に、アナカプリ地区もあり、こちらの方が標高が高くて275メートルある。ここからは、カプリ島の最高峰であるソラーロ山（589メートル）までリフトで行くこともできる。山登りの好きな人なら、歩いて登ることもできるが、1時間ほどかかる。

一般的なツアーでは時間の都合上、カプリ地区とアナカプリ地区の両方に行くことは難しい。たいてい、昼食の予約をしてあるレストランの場所に合わせて、どちらかを訪ねることが多いようだ。

ちなみに、カプリ島という島の名前は、古代ギリシャ人が海から見た島の形がイノシシに似ていることから、カプロス（Capros）（ギリシャ語でイノシシ）と呼んだことに由来する。それがなまってカプリ（Capri）となった。

カゼルタの王宮

ナポリから北に30キロ、バスで1時間ほどのところに、1997年にユネスコの世界遺産として登録された「カゼルタの王宮」（Reggia di Caserta）がある。

「カンパーニャ州のベルサイユ宮殿」と呼ばれるこの王宮は、カルロ7世の命により、1752年、建築家ルイージ・ヴァンヴィテッリにより建設が始まった。完成したのは１８４７年である。

大庭園を持つこの王宮は、4万4千平方メートルの敷地面積を持ち、館の部屋数は１２００室ある。18世紀から19世紀にかけて建てられ、ロココ様式の他、アンピール様式、イタリア・フランス式庭園と、英国式庭園の入り混じった建築様式を持っている。

カルロ7世は、カゼルタの王宮の建設が始まってから7年後に、ナポリを発ってスペインへ行ってしまったので、残念ながら、この宮殿で寝泊まりすることはできなかった。後に、息子フェルディナンド4世の住居となり、彼の時代に完成した。フェルディナンドがナポリ王になったとき、まだ8歳だったので、カゼルタの王宮の建築には大して興味を示さなかった。ルイージ・ヴァンヴィテッリは、がっかりしながらも、建築を続けた。１７７３年にルイージは亡くなり、彼の息子カルロ・ヴァンヴィテッリが後をついで残りの宮殿を完成させた。

フォロニカの鉄、モンドラゴンの灰大理石、カラーラ産の白大理石など贅を尽くした資材が使われた。

フェルディナンド4世は、オーストリアのハプスブルク家の出身のマリア・カロリーナと結婚した。彼女はマリー・アントワネットのとても仲のよい姉であった。マリア・カロリーナによって、英国式の庭園が造られた。英国から庭師ジョン・アンドリュー・グレーファーを呼んで、ルイージ・ヴァンヴィテッ

カゼルタの王宮

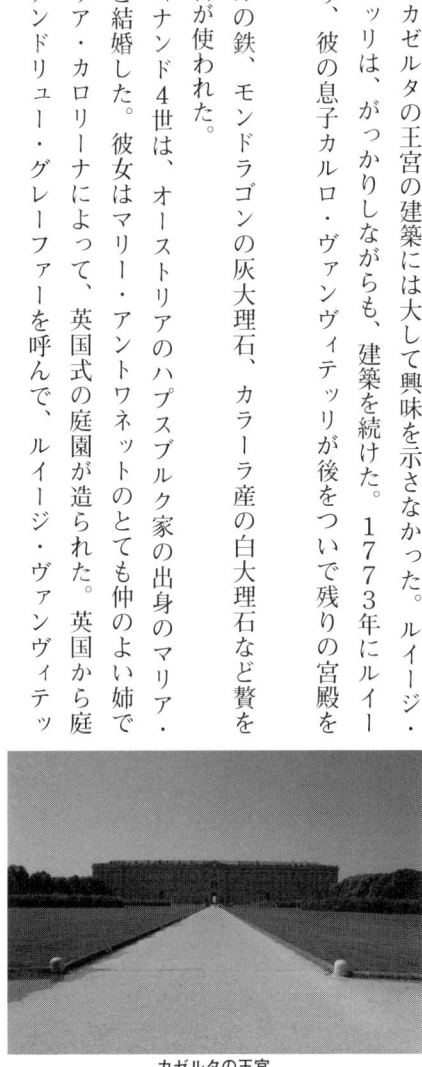

リの息子カルロ・ヴァンヴィテッリとともに造園にあたらせた。この時、英国から初めてイタリアに持ち込まれた椿が植えられ、その後、イタリア全土で流行した。

見学は、現地ガイドが同行して案内してくれる。最近のツアーではイヤホンガイドを利用することが多いが、ない場合は宮殿内で借りなければ案内見学をさせてくれない。

バスは、地下の駐車場で下車することが多い。ガイドと待ち合わせる入口まで結構距離がある。今回は地上の、宮殿正面にある道路で下車した。

宮殿に入ってまず驚くのは、２階まで続く１１６段の大階段だ。大階段入口の2階の正面にはヘラクレスの像がある。大理石で造られている。２つの階段の左右には、ライオンの像があり、2階に上がって正面には、ライオンにまたがるカルロ7世の像がある。

宮殿は、縦２４７メートル、横１８４メートルの大きさで、１２００の部屋のうち、２階にある36室が公開されている。

衛兵の間、玉座の間、絵画ギャラリー、大理石の浴室、図書室、礼拝堂、劇場なども備え付けられている。どの部屋も、きらめくように豪華で派手な美しさである。

旧アパートメントと呼ばれるところには、春夏秋冬の部屋があり、ヴェネチアングラスのシャンデリアが天井からぶら下がっている。春の部屋の壁にかかる絵の半分には空が描かれていた。

「絵の値段は、大きさで決まっていました。だから、大きい絵を描いて、空でごまかしました」とガイドの説明があった。

玉座の間の先にあるフランチェスコ2世の寝室には、とても豪華なカーテン付きのベッドがある。宮殿だけでなく、庭園を見学するにも、ゆっくり時間を取りたい。

庭園には「カナローネ」と呼ばれる水路と、それに沿った道が3キロにわたって延びている。日影がないので、真夏の観光はつらい。春か秋に訪れたいところでもある。その先には、80メートルの滝があり、滝の頂上からは、大庭園を眺めることができる。庭園内には、バスも走っている。

カゼルタの王宮は、いろんな映画の撮影にも使われている。「アマルフィ」「天使と悪魔」「ミッション・インポッシブル3」などで使われているが、「カゼルタ」として出てくるのでなく、ローマやヴァティカンにある建物としてカゼルタの王宮を撮影場所に使っているだけということが多いので、気がつきにくいことも多い。

ポンペイ

ローマ帝国時代、イタリアにはたくさんの都市が誕生していた。ポンペイもそんな都市の一つであった。

現代は北イタリアのほうが経済が発展しているが、当時のイタリア南部は、ギリシャ文明の恩恵を受けて、北部より優位に立っていた。

ナポリ、ソレント、ポッツォリ、クーマ、カプリなどは、ローマの避寒地として、

バスから見たヴェスヴィオ火山

別荘が立ち並んでいた。

ティベリウス帝がカプリ島に隠棲していた時代には、北部のフィレンツェなどはまだ誕生したばかりだった。現在のミラノは、経済が発展した大都市だが、当時は、コモ湖畔の町コモの貧民地区だった。ポンペイは、ローマ帝政時代、貴族たちの別荘地であったが、地震や噴火が起こるまでは、ありふれた都市の一つだった。

西暦63年、ポンペイに大地震が起こった。火山が噴火する16年前のことである。多くの建物が倒壊し、町はがれきに埋もれ、大邸宅や劇場も崩れ落ちて、廃墟となった。

当時のローマは、皇帝ネロの時代であった。皇帝や元老院に災害復興の援助を求め、援助資金も出ることになった。元老院は、災害視察団をポンペイに派遣した。彼らはがれきの山を片付けて、町の再建にとりかかった。

ところが、この地震の震源地、つまり、地震の原因がヴェスヴィオ火山だということに、当時の人々は全く気づいていなかった。

町を再建するには長い年月がかかるので、ポンペイはまだ再建の途中であったが、16年後の西暦79年8月24日の昼前、ヴェスヴィオ火山の方角からゴロゴロという大きな音が聞こえたかと思うと、爆風が住民たちを吹き飛ばした。ヴェスヴィオ火山から噴出した石や土、軽石、灰などが町や人の上にどんどん降り積もっていった。噴火は翌日まで続き、ポンペイの市街を埋めつくしてしまった。

火山から出る硫黄ガスによって息がつまり、人々はもだえ苦しんで死んだ。ポンペイの町は灰の中にうずもれた。積もった灰はやがて固まって、軽石の層になり、7メートルほどの高さにまでなった。その後、その埋もれた町の上に土が積もって草や木が生え、何世紀もの間忘れられていた。ポンペイが灰に埋もれてから長い間噴火はなく、ヴェスヴィオ火山の火口には植物が生え、噴火のことは忘れられた。ポンペイの町があったところは丘になっていた。

16世紀にこの土地に水を通すために地下の溝を掘る工事が始められたが、ここがポンペイの町の上だということは知らなかった。掘っていたら銀貨や大理石の板などが見つかったが、町を発見するまでには至らなかった。

1631年にヴェスヴィオが再び噴火した。溶岩があふれ出して、人々はナポリへ逃げた。3日間噴火が続き、4000人と家畜6000頭が犠牲となった。

その後しばらくは、恐れられて近寄らなくなった。しばらくして「丘」で井戸を掘っていたら、「ポンペイ」という文字の書かれた石が出てきたが、本格的な発掘は行われなかった。

18世紀に入り、エルコラーノの丘で農夫が井戸を掘っていると、大理石やアラバスタが出てきた。エルコラーノもポンペイ同様、噴火の被害にあった町である。そこでは青銅や壁画も見つかった。

ナポリ王カルロ7世の時代である。そして、ポンペイのあった丘も掘らせた。すると、そこはポンペイの町の中心であり、5日目で壁画が発見された。その後、お金、さらに初めての人骨が発見された。男の頭蓋骨で、手に持っていたお金がバラバラとこぼれ落ちた。この発見によって発掘は進められたが、

※1＝27頁①の写真、※2＝27頁②の写真

金品集めの発掘となった。

19世紀に入ってからようやく考古学者によって、きちんとした発掘が行われるようになり、ローマ帝国黄金時代の地方都市の生活が出現した。１８０６年にフィオレルリというイタリア人考古学者が、古い記録を集め、すでに発掘されている場所を地図に書き込んで、まだ埋もれていると思われる場所の予想図を作った。町を区画整備して番号を付けた。20世紀に入ると、外国人の考古学者も参加した。第二次世界大戦中は中断したが、発掘は現在も続いている。

（ポンペイ遺跡の見学）

ポンペイの遺跡見学はマリーナ門から始まる。ポンペイはかつて壁で囲まれており、ところどころに塔と8か所の門があった。そのうちの一番海に近い門がマリーナ門[※1]である。「噴火する前、マリーナ門は海のすぐそばにありました」

門を入ってすぐにあるマリーナ通り（Via Marina）を行くと、右手にヴィーナスの神殿があり、その先にはローマ時代の町の中心広場「フォロ」[※2]がある。フォロは、バジリカ、アポロン神殿、ユピテル（ジュ

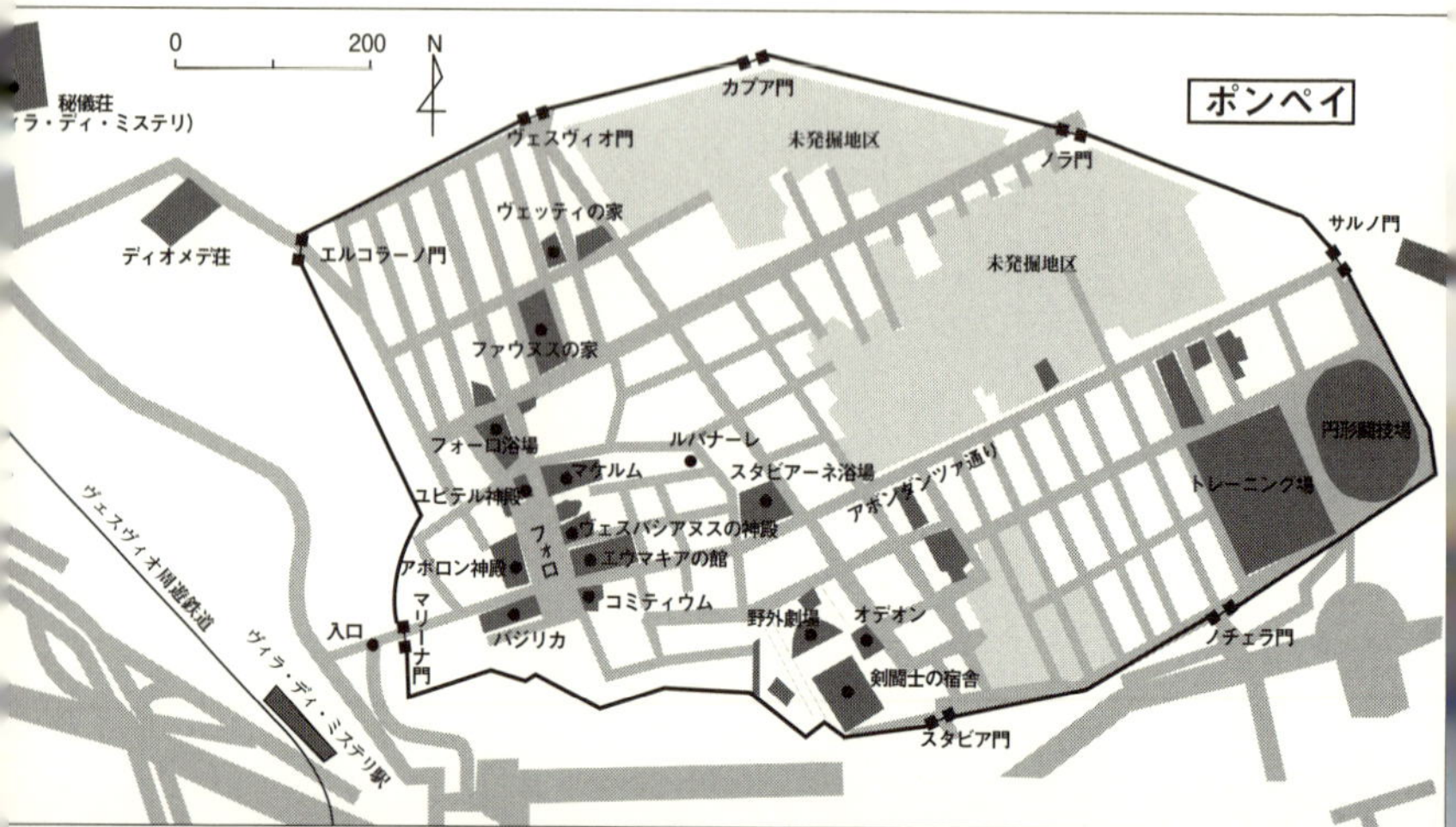

ピター）神殿、エウマキアの館、コミツィオ（コミティウム、市会議場）、ヴェスパシアヌスの神殿、マケルム（市場）といった重要な建物に囲まれている。

「バジリカ」は、紀元前120年ごろの55メートル×24メートルの大きな建物で、市民が集まる場所であり、屋根もあった。

「現在、地面は土ですが、昔はここに石が敷き詰められていました」

エウマキアの館は、裁判や商品の取引などに使われていた。

「アポロン神殿」[※1]にはアポロンの像があるが、これはレプリカで、オリジナルはナポリの考古学博物館に保存されている。この神殿は、紀元前6世紀ごろに造られたとされている。

フォロの北側には、「ユピテル神殿」がある。当時のローマは、キリスト教以前であり、ローマの神々（元はギリシャの神々）を信仰していた。ポンペイには、他にも、「フォルトゥーナ・アウグスタ神殿」や「イシス神殿」など多くの神殿があった。

噴火のあったとき、神殿の周りには多くの人がいた。司祭たちは、噴火のとき、祭壇にお供えをして神様に助けてもらおうと思ったが、祭壇はガラガラと崩れていった。そこで大事な物だけを、袋に入れて逃げようとしたが、それに時間を取られてしまい、逃げ遅れたと考えられている。

※1＝27頁③の写真

ユピテル神殿
（背後にヴェスヴィオ山）

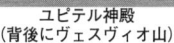

「なぜなら、神殿の中から司祭らしき人の骨と、袋から飛び出した宝物が発見されたからです。また、神殿のお供え物らしきパンやワイン、鶏の肉、魚、玉子などが神殿内の食卓に残っていただろうと思われる跡も残っていました」

フォロの北東側、ユピテル神殿の東側には、マケルム[※1]（市場）がある。

「市場の外側には小さなブースが4つあります。ここは両替所でした。ポンペイに来た商人たちはまず、この市場の外にある両替所でお金を替えてから、市場の中で買い物をしました。市場の中にはたくさんの店が入っていました」

壁にわずかに残る絵[※2]を見ると、パン屋、肉屋などいろいろな店が入っていたことがわかる。また、魚の小骨もたくさん発見されており、魚屋もあったことがわかった。

ポンペイは、別荘地として知られていたので、お金持ちの人の邸宅もたくさんあった。「ファウヌスの家」「悲劇詩人の家」「ヴェッティの家」「パンサの家」などと名前が付けられているが、時間があれば一つぐらいはのぞいてみたい。ツアーによっては、少し離れたところにある「秘儀荘」（Villa dei Misteri）が入場観光で入っている場合もある。

悲劇詩人の家（Casa del Poeta Tragico）はモザイク画に悲劇詩人が描かれていることから、そう呼ばれる。中間社会階級の家であったらしい。入口のところに、番犬[※3]のモザイク画が描かれ、犬に注意という意味の、カーヴェ・カーネム（Cave Canem）と書かれている。

この家では、二人の若い女性の死体が発見された。周りには宝石がたくさん散らばっていたことから、

※1＝27頁④の写真、※2＝27頁⑤の写真、※3＝27頁⑬の写真

宝石を持って逃げようとして、逃げ遅れたと思われる。

「ファウヌスの家」[※1]（牧羊神の家＝Casa del Fauno）は、この家の名の由来である踊るファウヌスのブロンズ像があるが、これはレプリカである。その後ろ側には、24本の柱が並んでいる。この柱に囲まれて建物があった。ここでは、「アレキサンダー大王とダリウス3世のイッススの戦い」といわれる大きなモザイク画が発見されている。また、この家からも、数人の死体が発見された。女の人は、金のブレスレットや指輪、イヤリングなどを抱えたままだった。

「パンサの家」でも、4人の女性の骨が発見されている。庭の窯の中に宝飾品や銀貨、バッカス（葡萄酒の神様）の像が投げ捨てられていた。持ち出そうとしたが、重かったので、途中で窯の中に投げ捨てたのではないかといわれている。

これらの大邸宅には、玄関を入ると「アトリウム」と呼ばれる屋根で半分おおわれた中庭のような場所があり、床に雨水を溜めるための水槽が設けられている。

また、当時の住宅は、窓がほとんどなく、暖房完備はまれであった。天井はセメントで固められ、モザイクのある家もあった。床は石で敷き詰められていた。台所は完備され、鍋やフライパン、焼き肉用の回転串もあった。家具は木製なので焼けてしまったが、インク、ペン、銅製のランプや彫像などは発見されている。

ポンペイの町には、多くの商店があり、パン屋がたくさんあったことがわかっている。パン屋[※2]には、粉を引く石臼やパンを焼くかまどが残されているのでわかりやすい。石臼を回すのにはとても力が要っ

※1＝27頁⑭の写真、※2＝27頁⑨の写真

※1＝27頁⑩の写真、※2＝27頁⑪の写真、※3＝27頁⑧の写真

たので、ロバが使われていた。「モデストのパン屋」の焼釜の中からは、81個の炭化したパンが発見された。当時のパンは丸い形をしており、8等分にできるようになっていた。

通りの一角に、小さいが、見学者には人気の「ルパナーレ」がある。

「ルパナーレというのは、売春宿のことです。一番古い職業です。玄関を入ったところの壁の上の方に壁画[※1]が残されています。これはメニュー表です。メニューというのは、もちろん料理のメニューのことではありませんよ。売春宿においてのメニューです。お客さんは、この絵の中から、指をさして、どれが良いか『注文』をしていました。奥には、ベッドルーム[※2]が5室あります。石でできたベッドですが、当時は、この上にマットが敷かれていました。その奥にはトイレもありました」

ルパナーレから南へといくと、「スタビアーネ浴場」がある。

「ポンペイでは、浴場がすでに3か所発掘されています。その中でも一番大きな浴場が、スタビアーネ浴場です」

他にも、フォロの近くには、「フォロ浴場[※3]」というのがある。どちらかを見学することになるだろう。

イタリア人考古学者フィオレルリが調べると、人間の頭蓋骨が見えた。発掘のとき、浴槽の土を取り除くと、赤黒い溶岩や火山灰のかたまりに、小さな穴がたくさんあいていた。この穴に溶かした石工と、ゴムを溶かした液を混ぜたものを流し込んだ。中で液が固まった後、回りを丁寧に彫ると、人間の形の石こうが姿を現した。それは、苦しそうに倒れたままの女の人の姿だった。

「スタビアーネ浴場近くでは、このような方法によって、女の人の死体が三体見つかりました。女風

呂だったと思われます。しかし、あと一人、男の死体もあったそうです。誰だと思いますか。女風呂覗きではありません。おそらく、お金持ちの女の人が連れてきた奴隷だったといわれています」

　これらの浴場内には、冷水風呂、温浴場、蒸気風呂（サウナ）、ボイラー室、脱衣所、プール、トレーニングジムなどまであった。

　スタビアーネ浴場がある通りは、フォロからずっと続いている、「アボンダンツァ通り」で、町一番のメイン・ストリートである。多くの商店、居酒屋などが並んでいた。居酒屋[※1]では、今のキッチンと同じくらいの高さのカウンターに、ワインやおつまみを入れていた穴がある。この地域は、昔からブドウの名産地でもあった。イタリアの各地や地中海を通って他国に輸出していた。ワインの他にも、織物や染色も重要な産業であった。居酒屋は、この通りだけでなく、いろんな場所で発見されている。

アボンダンツァ通り

　アボンダンツァ通りは、馬車も通っていたので、車輪が通れるように道ができている。水が道路を通って流れると水浸しになるため、石を置いて「横断歩道[※2]」を造り、通りを横断できるようにした。

　アボンダンツァ通りから南へといくと、野外劇場がある。「大劇場[※2]」「小劇場」や、近くには、剣闘士の宿舎だったところもある。

　大劇場は、紀元前２００年から紀元前１５０年頃に建てられた。５千人分の観客席があり、小劇場は千人くらいの観客席を持っていた。小劇場には屋根があった。

※1＝27頁⑦の写真、※2＝27頁⑮の写真、※3＝27頁⑫の写真

「大劇場では、ギリシャ劇、お笑い劇、操り人形に似た劇が上演されていました。剣士の戦いや、囚人とライオン、トラの闘いも行われました。劇場のそばには、トラやライオンが飼われていたところがあります。その周りは、剣闘士たちの宿舎や囚人の牢屋もありました。一番正面の特等席は、貴族やお金持ちの女の人が着飾って座っていました。後ろの方は一般人で、役人やお金持ちの男の人は闘いの場所のすぐそばの席に座っていました。闘いでは、ラッパの音とともに、剣闘士たちが入ってきて、賭けも行われ、それを楽しみにしている人も多くいました」

火山の噴火の当日も、闘技が行われていた。鉄の鎖で足をつながれた4人の囚人の骨が発見されている。剣士の部屋からも、34人の死体が発見され、別の部屋では18人の死体が掘り出された。

「その中には、女の人の死体も一体だけありました。剣闘士の熱烈なファンではなかったかといわれています」

マリーナ門から離れて遠いのでツアーではあまり訪れないが、2万人収容できる「円形闘技場」も発見されている。これは、紀元前70年に造られたものなので、ローマのコロッセオよりも古い。当時のポンペイは、人口1万5千人ほどだったので、ポンペイ中の人が集まっても、まだ席が余る。これは、ポンペイ以外の町からポンペイに遊びに来る人が多かったことを物語っている。

ヴェスヴィオ火山が噴火したときは、ポンペイの人口は2万人から2万5千人くらいだったといわれる。その住民のうち、2千人ほどが、この噴火の犠牲となって亡くなった。すぐに逃げ出した人は助かったらしい。

19世紀のイギリスの作家エドワード・ブルワー・リットン卿によって書かれた「ポンペイ最後の日」には、噴火当時のポンペイの町や人々の様子が非常によく描写されており、映画にもなっている。

アマルフィ海岸

最近は、ナポリに1泊する北イタリアツアーでは、ポンペイに行かず、カプリ島とアマルフィに立ち寄るツアーが多くなった。古代の廃墟を観光するより、美しい景色を見るほうが人気があるのだろう。

映画やテレビで話題となっているアマルフィ（Amarfi）は、「アマルフィ海岸」として１９９７年にユネスコの世界遺産として登録されている。

アマルフィのあるソレント半島には多くの見どころがある。

「帰れソレントへ」の歌でおなじみのソレント半島の北側の海岸にはソレントの町がある。町からは海が見渡せ、町の中には寄木細工などの特産品を売るみやげ物店が並ぶ。

アマルフィは海洋国であった。５世紀にローマ帝国が滅びた後は、ナ

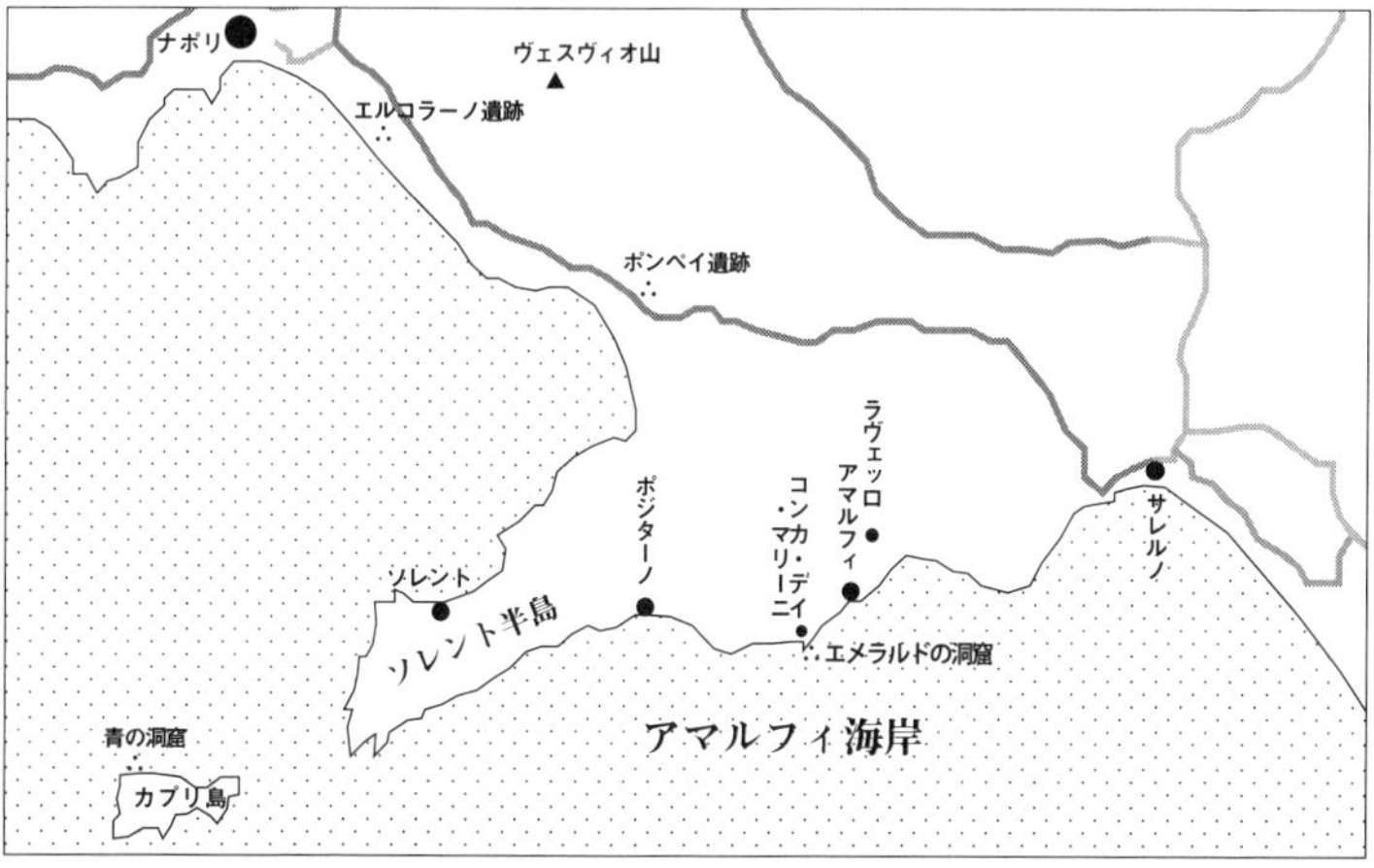

ポリ公国に属していたが、839年には、ナポリから独立し、アマルフィ公国となり、12世紀まで続いた。複雑な地形に囲まれているので、外敵の侵入を撃退するのに適していた。

その時代、南イタリアの一部はイスラム教徒によって支配されていたが、イスラム教徒と海で戦い、打ち破った。その時、東ローマ帝国からカプリ島をプレゼントされた。のちに、イスラム教徒とは同盟を結び、貿易も行われた。

海にせり出す傾斜地に立地しているので、ヴェネチアと同様、農業が難しい。そのため、海へ進出し、貿易国、海洋国として発展した。ヴェネチア、ジェノヴァ、ピサと並ぶ4大海洋国の一つだが、その中でもアマルフィは一番古い海洋国で、10世紀から11世紀に繁栄した。しかし、1131年にはノルマン人によって征服される。その後、1135年と1137年にピサの侵略を受け、衰退し始めた。

今回はソレントの町まで行かず、途中の道路から山道を通り、半島の南側にあるポジターノの展望台から観光が始まった。

ソレント半島の海岸道路はとても狭く、夏場は大型バスが通行禁止のところや、一方通行になるところもある。一度、人数の多いツアーのとき、小型のマイクロバスが2台来て、分乗したこともある。

〈ポジターノ〉

ポジターノは、ナポリから40キロほど、中世時代のアマルフィの共和国時代の港として栄えた。16、

17世紀には近海や中東のシリアまで香辛料や絹を輸出していたので大変裕福であった。しかし、その繁栄も長くは続かず、19世紀には、多くの人が外国へと移住していった。

20世紀の前半は、貧しい漁民の村となった。しかし、1953年に、「怒りの葡萄」の作家ジョン・スタインベックが雑誌にポジターノのエッセイを書いて人気がでてきた。そして、アメリカや他のヨーロッパの国から多くの観光客が訪れる観光地として発展した。

後で訪れるアマルフィと同様、白い壁の美しい町だが、道が狭くて大型バスは入れないので、ツアーでは、国道沿いの展望台で、町と海のすばらしい景色を眺める写真[※1]ストップであった。

その後、「エメラルドの洞窟」へと向う。

（エメラルドの洞窟）

[※2]エメラルドの洞窟は、アマルフィの4キロ手前のコンカ・デイ・マリーニ（Conca dei Marini）にある。

カプリ島の青の洞窟に負けずとも劣らない美しいこの洞窟は、1932年、地元の漁師ルイジ・ブオノコーレという人によって発見された。大きさは、45×32メートル、高さは24メートル、水深は10メートルほどだ。地盤がゆっくりと変動してえぐられた岩の入り江の奥にある。太陽の光が水を通して映る色がエメラルド色なので、エメラルドの洞窟と呼んでいる。水の透明度が高く、海の底が見え

※1＝28頁①の写真、※2＝28頁②の写真

エメラルドの洞窟

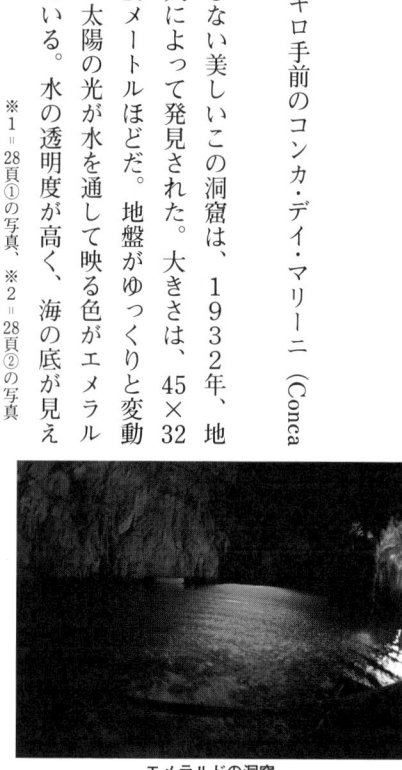

てしまうほどだ。

青の洞窟と違って、天気や波の高さに左右されにくいのであるが、私が初めて行ったときは波が高くてボートが出なかった（幸い翌日の青の洞窟には入れた）。2回目のときは無事に入れた。

バスを降りると、洞窟に行くエレベーターの前にあるみやげ物店で少し順番を待たされた。トイレもある。カプリ島同様、レモングッズや陶器などが売られている。

階段を少し下ったところにある7、8人乗りのエレベーターに乗って下りる。青の洞窟と異なり、エレベーターを降りたところがすでに洞窟だ。そこで、ボートに乗って洞窟内を一周する。ボートは20人乗りで2艘ある。人数の多いときは、2つに分かれて乗る。1艘に船頭が一人ついて、洞窟を一周するのに10分くらいだ。動き出してしばらくすると、船頭が櫂で海面をパシャパシャとたたいてくれた。

すると、海面がエメラルド色に輝き、皆の歓声が上がった。

ぐるっと一回りして、最後のほうで、キリスト像やマリア像が海面に沈められているところが見える。

キリストなどの陶器の像は、1956年にクリスマスのプレゼーピオ（キリスト生誕の場面を人形で再現した飾り）として置かれるようになった。


（アマルフィ）

アマルフィのドゥオーモ

アマルフィの町は、アマルフィ海岸の観光の中心地で、バスの駐車場から町の中心にあるドゥオーモまで歩いて5分くらいである。

ドゥオーモ（アマルフィ大聖堂）は、元々、987年にロマネスク様式で着工された教会で、11世紀に拡張され、13世紀の初め、古い教会の跡地に、この町の守護聖人で漁師の守り神でもある聖アンドレアを祀る教会として建て替えられた。

1206年、第4回十字軍遠征のとき、聖アンドレアの遺骸が、カプアのピエトロ司教によって、コンスタンチノープルからアマルフィへと運ばれてきた。そして、1208年にそれを納める納骨堂が完成した。サンタンドレア（聖アンドレア）大聖堂とも呼ばれている。

聖堂の正面中央にある青銅の扉はとても古く、コンスタンチノープルで造られ、1066年に取り付けられた。

ファサード（正面）は、これまでに2度、最後は19世紀に改築されたときに装飾された。古い部分は10世紀のロマネスク様式であるが、何度も改築されているので、ビザンチン、ゴシック、バロック様式の混合様式の教会である。内部は主にシチリアの影響を受けたアラブ・ノルマン様式と呼ばれている。祭壇には、12、13世紀のモザイクが見られる。

この聖堂での見どころは、13世紀に造られた、天国の回廊[※1]（Chiostro del Paradiso）と呼ばれる回廊である。アラブ様式で、2本の円柱が対になった尖塔型のアーチが交差しながら並んでいる。回廊の真ん中には中庭があり、アルハンブラ宮殿のライオンの中庭を思い起こさせる。教会ということを忘

※1＝28頁④の写真

れて、宮殿の中庭にいるような錯覚を起こす。これは、最上流階級市民の墓地として造られた。ドゥオーモの階段を上がって、柱廊の左奥から入るようになっている。

ドゥオーモ広場周辺や谷の奥に向かう通り沿いに、たくさんのみやげ物店やレストラン、カフェが並んでいる。陶器はこの町の伝統工芸である。また、カプリ島同様レモンが特産品なので、レモンを使ったみやげ品が多い。カフェでゆっくりする時間があれば、デリツィア・アル・リモーネ（Delizia al Limone）というレモンを使ったやわらかいスポンジケーキにレモンクリームを挟んで、上からさらにレモンをかけたケーキを食べてみるのもいい。あまり甘いものを口にしない私でもとても美味しいと感じた。他に、プロフィテロール（Profiterole）というシュークリームを積み重ねてレモンクリームやチョコをかけたものもある。

アマルフィは、13世紀に製紙産業が行われていた。中国からアラブを通してシチリア経由でアマルフィに入ってきた。今でも、手漉き紙が特産品だが、13世紀の製紙工場の中に紙の博物館もある。アジアからヨーロッパに入ってくる文化や農作物は、アラブ（中近東）経由でシチリアやスペインに入ってきたものが多い。

（ラヴェッロ）

ツアーによっては、アマルフィからラヴェッロへ行くコースも出ている。アマルフィからバスで緑の山道を登って30分くらいのところにある。標高350メートルの切り立った断崖の上にある小さな集落で、サレルノまで続くアマルフィの海岸の絶景が見える。

ラヴェッロはとても静かな町で、ドイツの作曲家ワーグナーは、ここで歌劇「パルジファル」の第3幕、クリングゾルの魔法の花園を作曲した。ワーグナーの別荘ヴィラ・ルーフォロの海の見える庭園では、7月にワーグナー音楽祭が開催される。ヴィラ・ルーフォロは、13世紀の金満家ルーフォロ家のために建てられたので、今でもこう呼んでいる。この建物は、ローマ教皇たちや、アンジュー家のシャルル1世もその後住んでいた。

近くにあるドゥオーモ（大聖堂）は、11世紀後半の建築である。正面に3つの扉があり、中央の扉はブロンズ製で、浮彫の装飾が施されている。内部の2つの説教壇の足元にはライオンの像があり、柱のモザイクが美しい。

アマルフィの観光後は、サレルノ経由でナポリへと戻った。サレルノ（Salerno）は、アマルフィやそこから南へ行くときの基点となっている町でもある。

パエストゥム、パリヌーロ

まだツアーはあまり出ていないが、サレルノからさらに南へチレント海岸を行くと、

パエストゥムの古代ギリシャ神殿

パエストゥム（Paestum）の遺跡やパリヌーロがある。

「パエストゥム」は、古代ギリシャの神殿で、大変保存状態がよい。

パエストゥム（Paestum）は、「パエストゥムとヴェーリア遺跡を含むチレント・ディアノ渓谷国立公園とパドゥーラのカルトゥジオ修道院」として、世界遺産に登録されている。

ヴェーリア（Velia）は、パエストゥムの南にあるギリシャ遺跡だが、日本のツアーが行くことはほとんどない。また、カルトゥジオ修道院はパドゥーラのサン・ロレンツォ修道院（La Certosa di San Lorenzo a Padula）とも呼ばれ、84本の柱のある広大な回廊を持つイタリアでは有名な修道院である。

「パリヌーロ（Palinuro）」には、カプリ島とは別の「青の洞窟」がある。まだあまりメジャーではないが、パリヌーロ岬（Capo Palinuro）の港からボートで出発して、血の洞窟、硫黄の洞窟、修道士の洞窟などを巡り、青の洞窟へと行くコースも出ている。

カプリ島のものより入口が広いので、入れる確率は高い。

カステル・デル・モンテ

ナポリ周辺からアルベロベッロやマテーラへの途中、「カステル・デル・モンテ」に立ち寄る場合がある。カステル・デル・モンテ（Castel del Monte）は、イタリア発行の1セント硬貨の裏面にもデザ

1セント硬貨

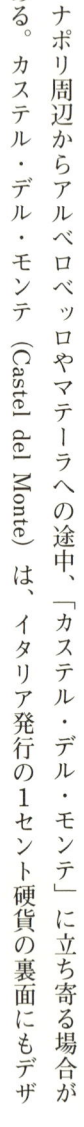

インされているので、硬貨を手にしたときは確認してみてほしい。

シチリア王でもあり、神聖ローマ皇帝でもあったフェデリコ（フリードリヒ）2世は、南イタリア、プーリア州のアンドリアに八角形の城を建てた。これが、世界遺産となっているカステル・デル・モンテである（カステルは城という意味）。

時代は、１２４０年から１２５０年にかけてで、防衛と趣味のために建てられたともいわれるが、実際には今でも多くの謎が残っている。

バスがカステル・デル・モンテに近づくと、かなり遠くからでも丘[※1]の上に建っている城が見える。手前の駐車場で観光バスを降りてシャトルバスで城に向かう。

カステル・デル・モンテの内部は2階建てで、らせん階段は下から上に向かって左回りに造られている。軍事目的に造られたのであれば、右利きには武器を持って上りにくいから階段も右回りに造られるはずである。

壁には所々に細長いスリットが見られ、予期しない客を遠ざけるための落し格子だといわれる。

八角形の各角にはやはり八角形の塔（柱）が8本あり、中庭[※2]も八角形である。ともかく、8という数字にこだわった建造物で、関心のある人は、他にも8がないか探してみてほしい。

城は、高さ25メートル、直径56メートル。8本の塔の高さは26メートルで直

※1＝28頁⑤の写真、※2＝28頁⑦⑧の写真

カステル・デル・モンテ（Berthold Werner）

径は7・9メートルある。

フェデリコ王の一番の趣味である狩猟で使われたのではないかともいわれるが、軍事目的でもない、かといって居城にも見えない不思議な城である。

アルベロベッロ

南イタリアツアーで必ず訪れるのが、世界遺産に登録されている「アルベロベッロ」と「マテーラ」である。

とくに人気なのが、山小屋のような白くてかわいい家が並んでいる「アルベロベッロ」だ。写真で見ると、なんとなく、静かな南イタリアの別荘地のようなイメージだが、これは、一般の人が暮らしている住居である。

アルベロベッロ（Alberobello）は、プーリア州に属するコムーネ（日本の市町村）で、人口1万1000人ほどの小さな町だ。「トゥルッリ」（trulli）と呼ばれる白いトンガリ屋根の家が並ぶことで知られている。

プーリア州の州都バーリの南東50キロ程のところにあり、バスで1時間半程度で到着する。バスが

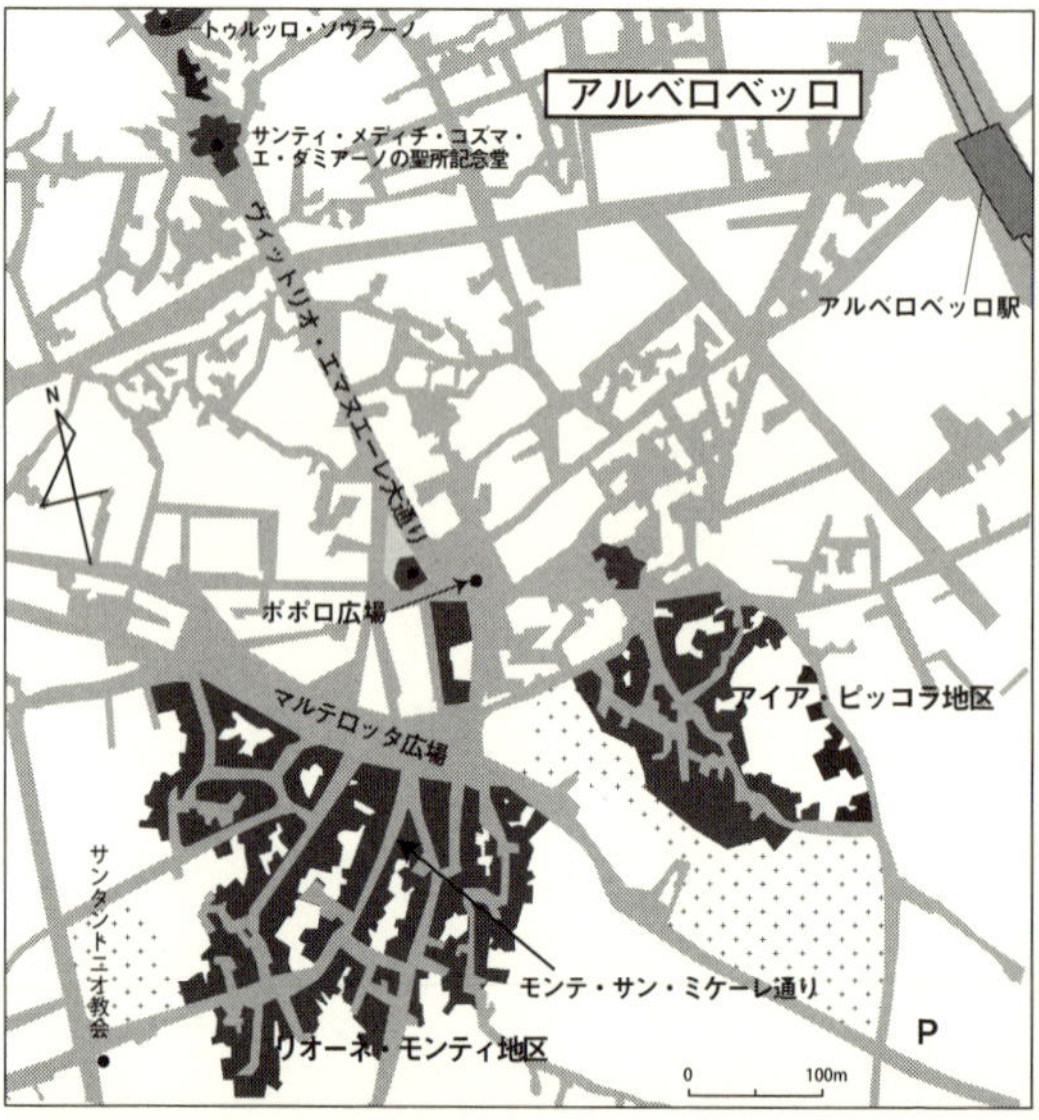

アルベロベッロに近づくと、畑の中などに、作業小屋に使われている小さなトゥルッリが、車窓に見えてくる。トゥルッリは、この地方でとれる石灰岩の切石を積み上げて造った石造家屋である。

町の起源は、16世紀の後半（あるいは17世紀）にまで遡る。当時は、スペインがナポリを中心に南イタリア一帯を支配していた。そして、アックア・ヴィーヴァというこの地方の領主が、農民が家を建てるときは、セメントを使わずに、乾いた石だけを使って建てるように命じた。そうすれば、王が調査に来たときには屋根をすぐに取り壊すことができる。家に対する税金が高かったので、取り壊してしまえば税金がかからない。あるいは、モルタルを使って屋根を造った家のみ課税されていたからともいわれている。いずれにしても、税金から逃れるために考えられた建築法だといわれている。こうして、いつでも解体できる不安定な家々ができあがった。

たくさんの石だけを使って造らなければならないので、農民たちは、石の丸いところを重ね合わせるようにして、家の形を丸くして、屋根も丸くすることを考えついた。

「トゥルッリ」とは、「部屋1つ屋根1つ」という意味のトゥルッロの複数形である。つまり、屋根付きの1つのトゥルッロには部屋は1つしかない。その中をカーテンなどで仕切って使っている。また、トゥルッロを長屋のようにたくさんつないで家を造っているので、通常複数形で「トゥルッリ」といわれている。

壁は分厚いので、夏は暑さを遮り涼しい。ちょうど私たちのツアーは夏の炎天下に観光していて干物のようになっていたが、トゥルッリのレストランやみやげ物店に入ったとたん、涼しくて、何ともいえない心地よさを感じた。トゥルッロのドーム状の屋根は、飾りをつけた尖塔で美しくされている。トゥルッロの建築のお陰で、屋根の上の飾りは、この町の重要な一つの芸術作品となった。そして、裕福な人たちは、この飾りにお金をかけるようになったという。この飾りに関しては、神話や宗教的な意味から、黄道12星座を表すものまであった。屋根の上に描かれた模様とともに、町の人たちのシンボルマークともなった。もしこれが、金持ちのための現代の別荘地であったり、観光客を引き付けるためにユニークさをねらって造られた町であれば、世界遺産にはならなかったであろう。

トゥルッリは一般の人が生活する住居

標高415メートルのアルベロベッロの町の中心は、トゥルッリの集中する旧市街であるが、狭いので徒歩で観光できる。私たちは中心から歩ける距離のホテルに泊まったので、自由に町に出てこれたが、そうでない場合は、バスで駐車場まで行く。駐車場所は変わることがあるので、どこで降りて、どのくらい歩くのか確認することが必要だ。町の中心であるマルテロッタ広場まで15分くらい歩いて解散し、あとは地図をたよりに自由散策になることが多い。歩くのがきつければ、駐車場からでているミニバス（有料）に乗ってもいい。

観光の中心となるのは[※1]マルテロッタ広場である。広場と言っても道路の道幅が広くなったところで、その両側に、少し登り坂になっている路地に沿ってトゥルッリが密集している。

観光のメインは、広場から南西の[※2]リオーネ・モンティ地区であり、特に、モンテ・サン・ミケーレ通り（Via Monte S.Michele）には、トゥルッリを利用したレストランやみやげ物店が多い。

みやげ物店の中には、トゥルッリの構造を見せてくれるところもある。私が見せてもらったところは屋上まで案内してくれた。洗濯場があり、洗濯物は屋上の屋根と屋根の間で通りからは見えない位置に干されていた。

モンテ・サン・ミケーレ通りの坂を上り切ったところにある「サンタントニオ教会」は、屋根がトゥルッリと同じ円屋根の形で建築されている。１９２６年に建設されたまだ新しい教会だ。

マルテロッタ広場の東側の[※3]アイア・ピッコラ地区にもトゥルッリが密集しているが、地元の人が生活する住宅街なので観光客は少ない。時間に余裕があれば散策してみると楽しい。町を散策していて心配なのがトイレだが、マルテロッタ広場から北に１００メートルくらい上がったところにあるポポロ広場とサンタントニオ教会にある（有料）。

また、一番大きく唯一2階建のトゥルッロは、「トゥルッロ・ソヴラーノ」と呼ばれる建物で、18世紀の半ばにペルタ家によって建てられた。現在は博物館

※1＝29頁④の写真、※1＝29頁②の写真、※1＝29頁③の写真

みやげ物店が並ぶモンテ・サン・ミケーレ通り

に転用され、中を見学することができる。夏の間は劇場となり、演劇や小さいオーケストラやジャズコンサートが行われる。場所は少し離れているが、ポポロ広場からヴィットリオ・エマヌエーレ大通りを北へ500メートルほど歩いたサンティ・メディチ・コズマ・エ・ダミアーノの聖所記念堂の先にある。

アルベロベッロは、坂が多い。しかし、中心であるマルテロッタ広場が、すり鉢の底の部分に位置しているので、坂を下れば広場にたどり着く。

夏場はちょっと暑いが、フリータイムをとってゆっくりと散策したい町である。

〈ロコロトンド、チステルニーノ〉

アルベロベッロに一泊する場合は、近くの町、ロコロトンドかチステルニーノ、あるいはマルティーナ・フランカに立ち寄ることもある。

ロコロトンド（Locorotondo）は高台にある小さな町で、旧市街は町全体が白い建物で円形に囲われていて、丘の上に浮かんでいるように見える。

チステルニーノ（Cisternino）は、人ひとりがやっと歩けるほどの細い道が、白い家々の中をまるで迷路のように張り巡らされている不思議な町だ。

また、マルティーナ・フランカ（Martina Franca）はこの地方で一番大きな町で、バロック様式の建築群が有名である。

高台にある円形のロコロトンドの町
© ValerioMei/shutterstock

マテーラ

アルベロベッロから西へ55キロほど、プーリア州からバジリカータ州へ入ると、マテーラまではバスで1時間半ほどだ。バーリからも同じく1時間半くらいで到着する。

マテーラ（Matera）は、「サッシ」と言う洞窟住居で有名な町で、１９９３年にユネスコの世界遺産に登録された。

洞窟住居と言うとトルコのカッパドキアが有名だが、きのこ形の岩で有名なカッパドキアとは趣きが異なり、荒涼とした廃墟のようである。実際、つい最近まで廃墟だったのだ。

凝灰岩の岩山に洞窟住居が掘られているのだが、洞窟住居の上に家が建てられており、さらにその上にも建物が建っていて、どこが山でどこが家なのか判別できないほど、建物が岩山を覆い尽くしているのである。おもしろいのは、サッシの道は、しばしば他の家の屋根の上でもあるということだ。

斜面に積み重なるように家が広がり、道は迷路のように入り組んでいるので、マテーラをガイドなしで観光するのは難しい。

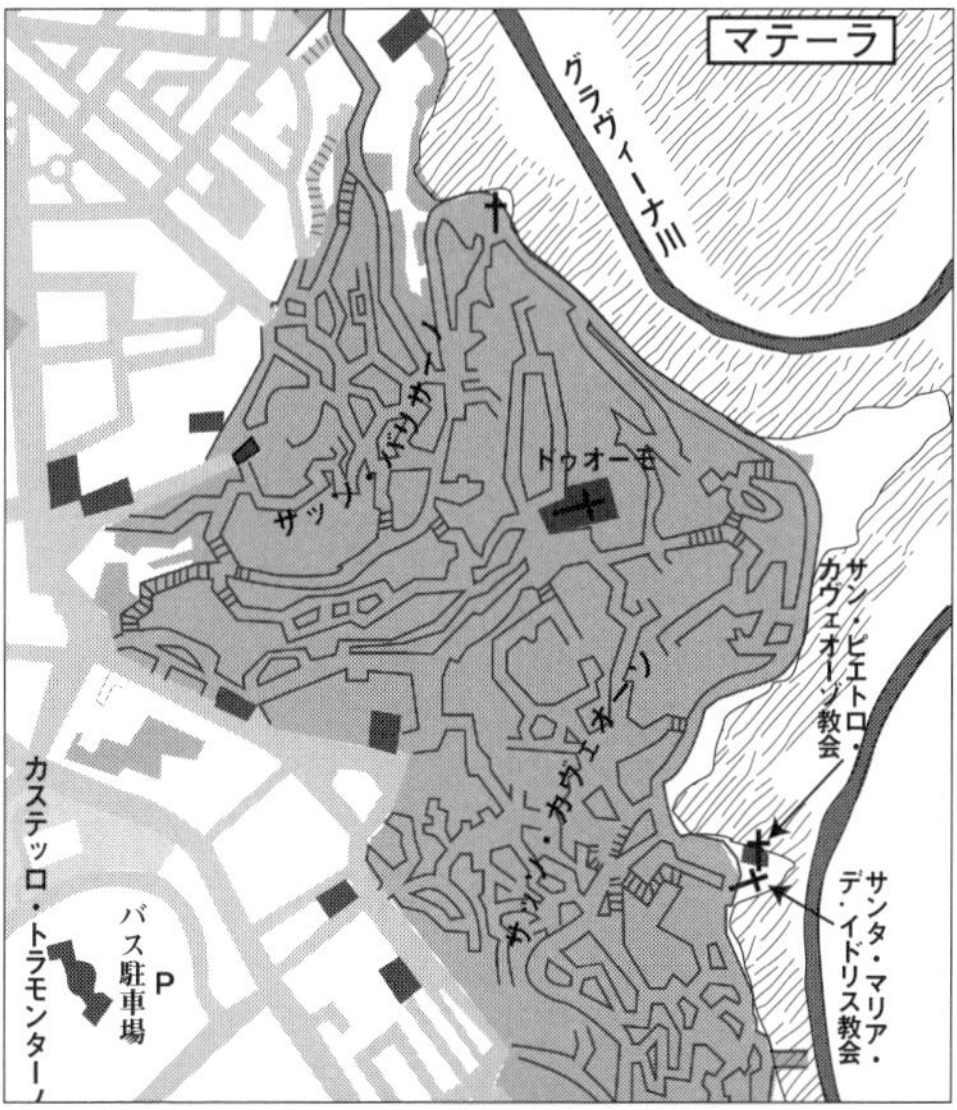

一般的なツアーでは、バスは、古城の見えるカステッロのバス駐車場に駐車し、現地のガイドの案内で旧市街まで歩いて行く。マテーラの旧市街を観光して駐車場まで戻るのに、1時間半くらい歩く。夏の観光だと暑いので覚悟が必要だ。

マテーラの旧市街は、南北に流れるグラヴィーナ川の渓谷の西側の斜面にあるが、ドゥオーモのある場所がちょうど尾根になっていて、その両側の窪んだ谷の部分に洞窟住居群が広がっている。ドゥオーモを中心として南東側が「サッソ・カヴェオーソ地区」、北西側が「サッソ・バリサーノ地区」である。

ガイドによって観光のルートは異なるが、今回は、バス駐車場からサッソ・カヴェオーソ地区に向かった。サッシ住居が広がる谷を下って行くと、遠く、グラヴィーナ川の向こうに古い洞窟の廃墟が見える。

さらにしばらく歩くと、岩山の上に十字架が立っているのが見えてくる。これは、岩山をくり抜いて造られたサンタ[※1]・マリア・デ・イドリス教会である。その背後、谷の最も低い場所に建つのは、サン[※2]・ピエトロ・カヴェオーゾ教会である。どちらも洞窟教会で、イスラム支配から逃れて来たトルコの僧によって、11世紀に造られたものだ。今回はそばを通り過ぎただけだが、ツアーによっては洞窟教会の内部を見学することもある。その後、一般公開されている洞窟住居（有料）の内部を見学して、ドゥオーモのある高台に上って行っ

※1＝29頁⑧の写真、※2＝29頁⑨の写真

マテーラのサッシ

た。

マテーラのドゥオーモは、13世紀に建てられたプーリア・ロマネスク様式の教会で、四人の天使に支えられたバラ窓が特徴だ。今回は見学しなかったが、教会内部には美しい天井壁画がある。

ドゥオーモ広場からは、眼下にサッソ・バリザーノ地区のサッシ群を見ることができる。ツアーによっては、ドゥオーモ広場から階段を下りて、サッソ・バリザーノ地区を歩くこともある。

「サッシ」とは石という意味である。サッシそのものは、先史時代からの穴居生活人の住居であったといわれる。岩山や石のことを「サッソ」その複数形を「サッシ」と呼んでいる。

マテーラは、バジリカータ州マテーラ県の県庁所在地であり、人口は6万弱である。

町は、紀元前3世紀にローマ人によって造られた。共和制ローマの時代の執政官、クイントス・ツェチーリオ・マテーロの名前からマテオーラ(Matheola)、そしてマテーラとなった。

7世紀から8世紀、周辺の洞窟にギリシャ正教ベネディクト派の修道僧たちが住むようになった。

その後、南イタリアをノルマン人が占領し、シチリア王国が成立すると、

洞窟教会（右奥）サンタ・マリア・デ・イドリス教会
（左手前）サン・ピエトロ・カヴェオーゾ教会

マテーラもその一部になった。このころ、サッソ・バリサーノ地区やサッソ・カヴェオーソ地区が建設された。

11世紀後半には、修道院にも人が住まなくなり、マテーラには農民が住み着くようになった。第2次世界大戦後も2万人がサッシに住んでいた。1家族平均6人の子供がいたという。住民は貧しく、サッシは不潔な貧民窟としてイタリア中に知れわたった。1950年代、それを気にしたイタリア政府が、全住民を新しい居住区へ強制移住させた。そして、マテーラは廃墟となった。

この貴重な文化遺産を地元政府は、観光化させることにした。EU、イタリア政府、ユネスコ、そしてハリウッドの助けもかりてマテーラの旧市街の復興に努めた。やがて、洞窟住居に魅力を感じる新しい住民が内部を改装して住み始め、廃墟だった町も蘇りつつある。

今では、流行りの店やホテル、バーなども多く立ち並ぶ町となった。

マテーラの旧市街サッシは、どことなくかつてのエルサレムの外観に似ているということが、映画監督たちを引き付けるようだ。2004年のメル・ギブソン監督による、キリスト映画「パッション」(英語原題 Passion of the Christ) は、マテーラがロケ地である。

シチリア

本章で案内するシチリア島の世界遺産

- ・アグリジェントの考古学地域（1997年）
- ・ノート渓谷の後期バロック都市（2002年）
- ・カザーレの古代ローマの別荘（カザーレ荘）（1997年）
- ・シラクーザとパンタリカ岸壁墓地遺跡（2005年）

パレルモ、ヌオーヴ

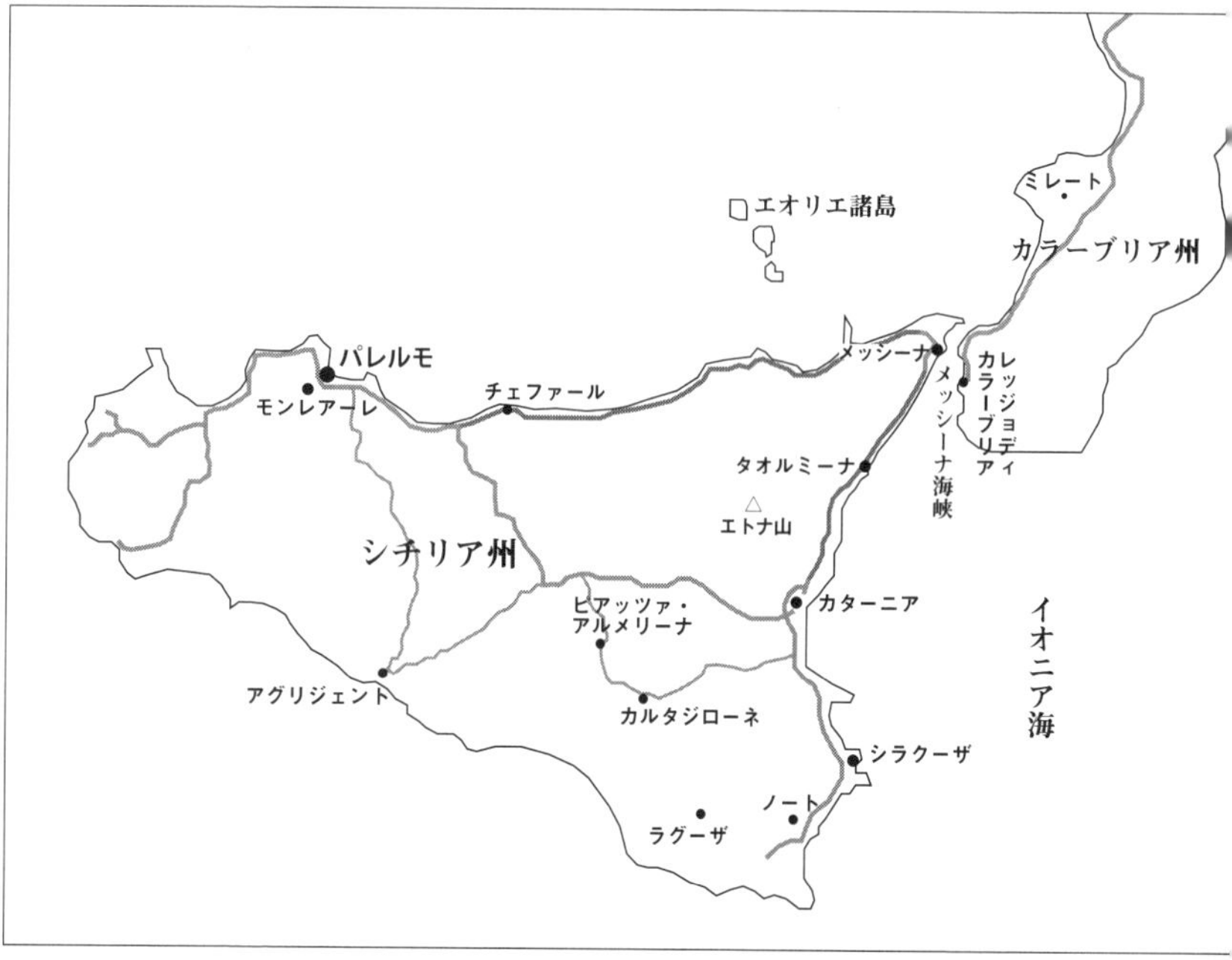

パレルモ

日本からのツアーで、シチリアだけというツアーはあまりない。たいていの場合、南イタリアとシチリアが一緒になっている。

シチリア州の州都パレルモ（Palermo）は人口68万人、シチリア島最大の都市であり、ローマ、ミラノ、ナポリ、トリノに次ぐ、イタリア第5の都市である。

パレルモの観光は半日程度だが、見どころは旧市街に集中している。まず、新市街にある「マッシモ劇場」をバスから車上観光する。1897年に設立されたヨーロッパで3番目に大きな劇場で、正面に見える階段が、映画「ゴッドファーザーⅢ」のラストシーンに登場した大階段である。

バスは、ヴィットリオ・エマヌエーレ大通りの西端にあるヌオーヴァ門（章扉の写真）の下を通過する。「ヌオーヴァ門」は、1535年の神聖ローマ帝国皇帝でありスペイン王であったカール5世のパレルモ入城を記念して1585年に建てられた。門の両脇にある4体の個性的な人物像が印象的だ。

ヌオーヴァ門のすぐ隣にある「ノルマン王宮」（Palazzo dei Normanni）で下車観光がスタートする。今はシチリア州議会堂として使われているノルマン王宮は、もともとアラブ人太守の館であった城砦

マッシモ劇場

を、12世紀にシチリアに入ってきたノルマンの王によって王宮として拡張され、その後、何度も増改築された。王宮の二階には、アラブ・ノルマン様式、ビザンチン様式など、さまざまな様式が融合した「パラティーナ礼拝堂」がある。シチリア王国の最初の王、ルッジェーロ2世によって創建されたビザンチン様式の礼拝堂で、内陣の壁や柱のモザイクや天井は金色に輝いており、みごとな美しさだ。

ただし、王宮へ入場できる曜日は決まっているので、ツアーの日程によっては王宮内部の見学をしない場合もある。


アラブやビザンチンの様式が混合したノルマン王宮を見学したところで、ノルマン人がシチリアを支配することになった経緯をみておこう。

ノルマン人は、9世紀末にフランスのノルマンディーに移住したバイキングの子孫である。彼らが南イタリアを訪れたのは、武人の守護聖人である大天使ミカエルの聖地モンテ・ガルガーノへの巡礼のためである（ノルマンディーにある世界遺産モン・サン・ミッシェルも同じ）。

当時の南イタリアは中小の国に分かれて互いに争っていた。各国の君主が巡礼に来た勇猛なノルマン人を見て、彼らを傭兵として招いたのが始まりである。その噂を聞いた故郷の下級騎士たちが、一旗揚げようと南イタリアにやって来るようになった。最初傭兵として雇われていたノルマン人はやがて集団となり、

ノルマン王宮

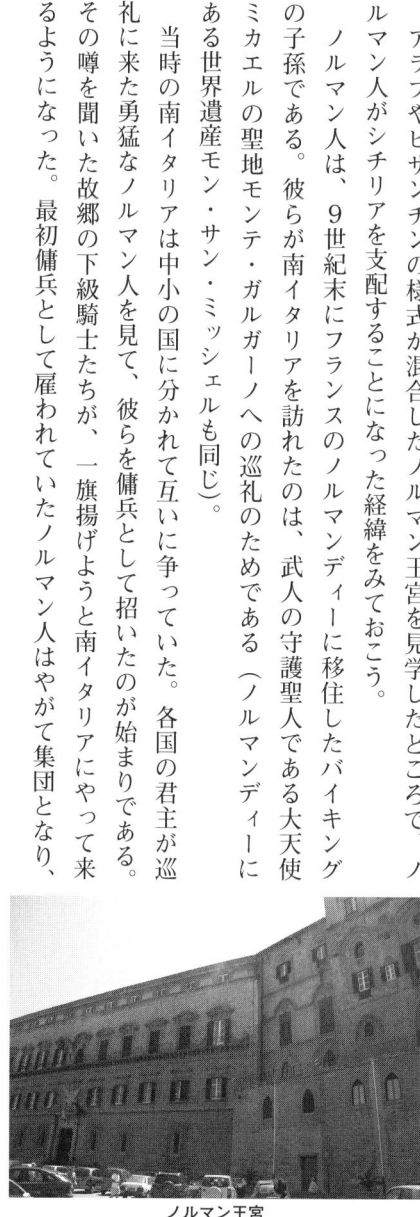

自ら領土の獲得に乗り出す。

特に、オートヴィル家の兄弟は、各地の戦闘で大活躍し、みな一国一城の主となった。中でも歴史に名を残したのがロベルト・グイスカルドと一番下のルッジェーロである。ロベルトは、１０５９年にはプーリア公としてほぼ南イタリアを支配下に入れた。

シチリア島は、西ローマ帝国の末期、ゲルマン民族のヴァンダルや東ゴートに侵略されるが、6世紀中頃には東ローマ（ビザンチン）帝国の領土となる。その後、８２７年に総督がビザンチン皇帝に反旗を翻したのを機にアラブ人の侵攻が始まる。９２５年にはアラブ人が全シチリアを支配下に入れた。

アラブ人は、新しい農業技術と柑橘類やサトウキビ、綿花などの農作物をもたらし、さまざまな手工業を起こして交易を行い、シチリアにかつてない繁栄をもたらした。また、他の宗教にも寛容だったので、ビザンチン時代からのギリシャ正教の修道院などもそのまま残った。

11世紀後半になると、シチリア支配を巡って2人のアラブ人が激しい争いを始める。１０６０年、敗れた側がカラーブリア州ミレートの小領主であった末弟ルッジョーロ（1世）に援助を求めたのに応じて、彼はシチリア島に侵攻した。一時、兄ロベルト援助のために兵を引き上げるが、現地のアラ

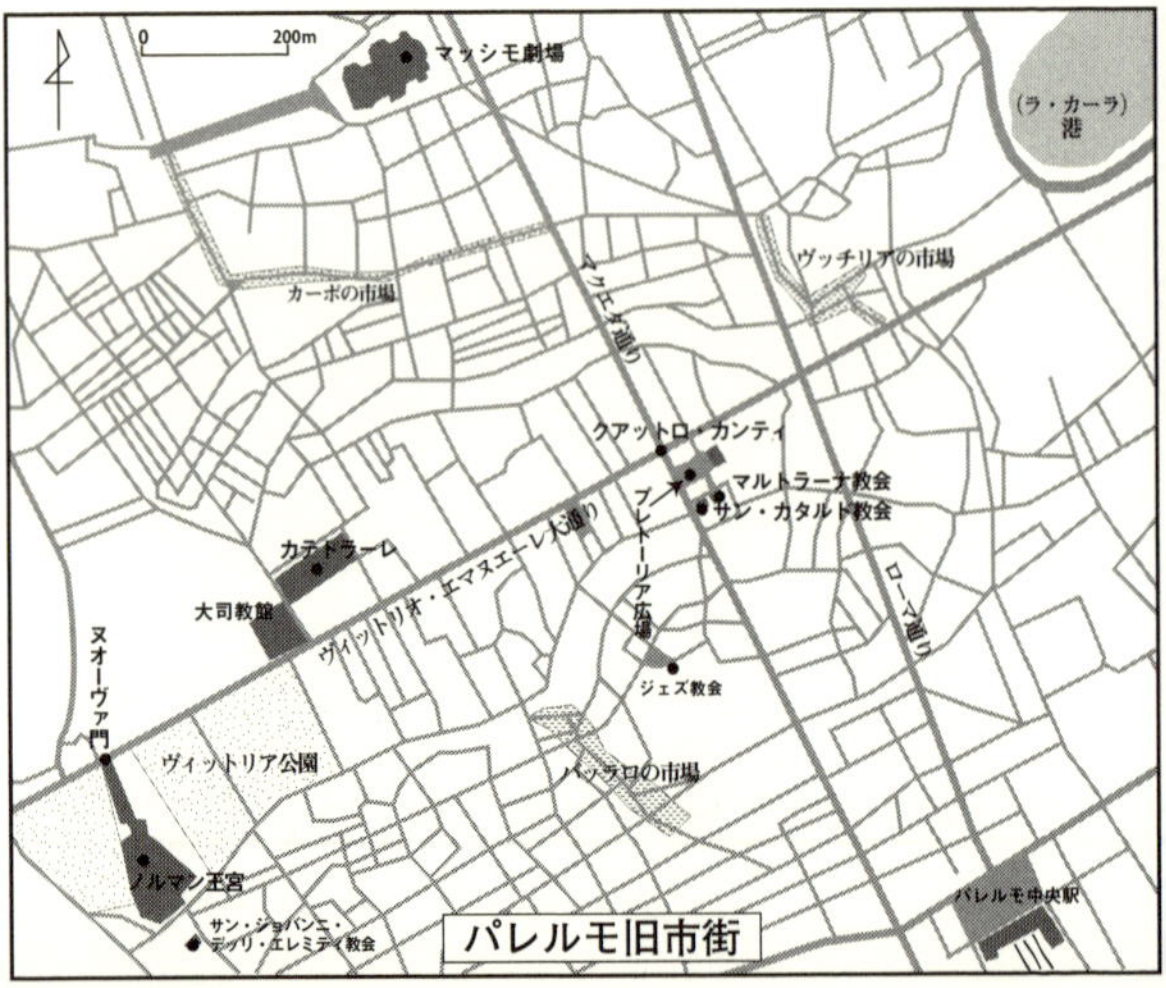

パレルモ旧市街

ブ人将兵を味方に引き入れ、1072年にはパレルモを陥落させ、シチリア島の主要部を手に入れてシチリア伯となった。1091年にはアラブ人最後の拠点ノートを落として全シチリアを統一する。ルッジョーロ1世の後を継いでシチリア伯となった息子のルッジョーロ2世は、1127年には、ロベルトの家系が絶えた南イタリアをも支配下に入れ、1130年には教皇アナトリウスよりシチリア王として認められた。シチリア島と南イタリアにまたがる「シチリア王国」の誕生である。

このシチリア王国、支配者を変えながら、なんと19世紀のイタリア統一まで続くのである。

シチリアのノルマン王朝は、アラブ人やギリシャ人を官僚として採用し、12世紀のルネッサンスと呼ばれる繁栄を謳歌した。今もパレルモに残るアラブやビザンチンの影響は、その時代の名残である。

では、パレルモ旧市街の観光を続けよう。

ノルマン王宮の前のヴィットリア公園を抜けてヴィットリオ・エマヌエーレ大通りに出ると、すぐ左手に見えるのが[※1]「カテドラーレ（パレルモ大聖堂）」である。1184年に創建されたシチリア・ノルマン様式の建物である。内部は意外とシンプルな造りだ。霊廟には、ルッジョーロ2世や、初の近代的君主といわれるホーエンシュタウフェン家のフリードリヒ2世（神聖ローマ皇帝・シチリア王フェデリコ）の棺が置かれている。シチリア育ちで善政をしいた彼は、

※1＝30頁④の写真

パレルモの中心、クアットロ・カンティ

今もシチリアの人たちに人気がある。

ヴィットリオ・エマヌエーレ大通りをさらに東に歩いて行くと、車の往来が激しい交差点に着く。「クアットロ・カンティ」（四つ辻）と呼ばれるこの交差点の四隅の建物の壁面は、角が円弧状に削られ、上下三段に区切られて、歴代のスペイン総督や町の守護聖女などの像で装飾されている。

クアットロ・カンティのすぐ南に「プレトーリア広場」[※1]がある。噴水の周りにフィレンツェの職人フランチェスコ・カミリアーニ作のルネッサンスの彫像が30体並んでいる。

プレトーリア広場の南隣の小さなベッリーニ広場に面して2つの教会が建っている。左側、バロック様式のファサードが特徴の「マルトラーナ教会」[※2]は、内部の壁面がビザンチン様式の黄金のモザイクで装飾されている。マルトラーナ教会の右手の「サン・カタルド教会」[※3]は、赤い3つの丸屋根が特徴だ。内部のアーチなどにもアラブ時代の影響が見られる。

モンレアーレ

パレルモの南西8キロにあるモンレアーレ（Monreale）のドゥオーモ[※4]は、1174年にグリエル2世によって創建された中世イタリア建築の最高傑作である。

内部はビザンチン様式のモザイクで装飾され、祭壇前の両手を広げたキリストの

モンレアーレ、巨大なキリストのモザイク

※1＝30頁⑥の写真、※2＝30頁⑦の写真、※3＝30頁⑧の写真
※4＝31頁①の写真

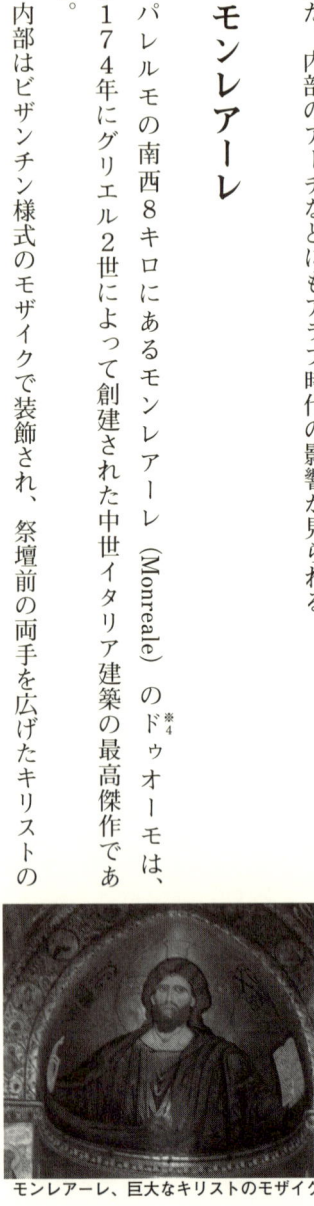

モザイク像が印象的だ。

ドゥオーモ南側のベネディクト派修道院は、モザイクで装飾された228本の円柱と回廊で囲まれた中庭が美しい。

アグリジェント

パレルモから南へバスで約2時間、丘の上にアグリジェント（Agrigento）の町が見え始めると、手前の谷の縁にギリシャ神殿が見える。そこが、これから観光する「神殿の谷」だ。

駐車場でバスを降り、現地ガイドの案内で、1時間半程度歩いて観光する。

まず、柱だけが残る「ヘラクレスの神殿」[※1]（紀元前500年頃）を見る。次にアグリジェント観光の目玉である「コンコルディア神殿」まで歩く。紀元前425年頃に造られたドーリア式の美しい神殿で、これほど原形をとどめているのは、アテネのテセイオン神殿とこの神殿だけである。最後に少し高い位置にある「ヘラの神殿」[※2]（紀元前470年頃）を見て駐車場まで戻る。

駐車場の反対側には未完の「ゼウス神殿」の跡がある。大地震で崩壊したあと、18世紀にその石材を港の建設用に持ち出したため、今は巨大なテラモン[※3]（巨人像）の複製が横たわっているだけだ。

アグリジェントのコンコルディア神殿

※1＝31頁③の写真、※2＝31頁⑤の写真、※1＝31頁⑥の写真

テラモンのオリジナルは、谷の中程にある「考古学博物館」に展示されている。ツアーによっては、考古学博物館を見学することもあるが、アーモンドの木が茂る博物館の周辺は、ギリシャ時代には町の中心部で、現在、アグリジェントの町がある高台は、古代にはアクロポリスだった。

ここで、ローマ時代以前のシチリアについてみておこう。

シチリア島に最初に進出したのはフェニキア人である。紀元前12世紀ごろからフェニキア人は、交易のために地中海の各地に植民している。フェニキア滅亡後はフェニキアの植民都市であったカルタゴが後を継いで、シチリア西部を勢力下においた。

ギリシャ人は、紀元前8世紀から6世紀にかけて、シチリアの東海岸と南海岸にかけて植民都市を建設し始めた。シチリア島とイタリア半島南端のギリシャ植民地は、マグナ・グラエキア（大ギリシャ）と呼ばれ、ギリシャ本土を凌ぐほど発展した。シチリア各地に、当時の遺構がたくさん残っている。

ギリシャ人がシチリアの西部に進出を始めると、そこを勢力圏としていたカルタゴと激しく対立するようになった。ギリシャ人とカルタゴの争いは数百年も続く。ギリシャ人とカルタゴの争いに決着を付けたのはローマである。2回のポエニ戦争の後、シチリア島はローマの属州となった。

カザーレ荘のモザイク
© luigi nifosi/shutterstock

ピアッツァ・アルメリーナ

アグリジェントから宿泊場所のタオルミーナへ向かう途中、ピアッツァ・アルメリーナ（Piazza Armerina）かカルタジローネなどに立ち寄ることがある。

ピアッツァ・アルメリーナには、世界遺産「カザーレの古代ローマの別荘（カザーレ荘）」（Villa Romana del Casale）がある。

カザーレ荘は、ローマ帝政時代（2、3世紀）の貴族の大別荘跡で、古代ローマのモザイク画が色あせずに残っている。見学できるのは壮大な古代の別荘の遺跡の一部分だが、美しいモザイク壁画を見ることができる。ビキニ姿の女性のモザイクなどもある。

カルタジローネ

最近、日本で人気のカルタジローネ（Caltagirone）は、丘の上にある陶器の製造で名高い町である。

ツアーでは、サンタ・マリア・デル・モンテ教会の前にある142段の階段[※1]「スカーラ」を30分程度で観光する。この階段は側面が美しい陶器で装飾されていることで有名である。

※1＝31頁⑧の写真

有名なカルタジローネの陶器の階段

階段の両側には後期バロック様式の建物が並んでいる。これらは、１６９３年にこのあたりを襲った大地震で破壊された後、再建された街並みだ。

※1＝32頁①の写真

２００２年、世界遺産「ヴァル・ディ・ノートの後期バロック都市」として、カルタジローネ、ノート（Noto）、ラグーザ（Ragusa）、カターニア（Catania）など８つの町が登録された。

タオルミーナ

イタリアを代表するリゾート地「タオルミーナ（Taormina）」は、われわれ日本人が抱くシチリア島の景色「青いイオニア海と噴煙を上げるエトナ山」と言うイメージそのものである。

町は、標高２００メートルの場所にあり、バスは、海岸沿いの旧街道からくねくね曲がる坂道を上っていく。

町の入口であるメッシーナ門から観光がスタートする。この門は町を取り囲んでいた城壁の名残だ。

メッシーナ門を抜けるとヴィットリオ・エマヌエーレ広場がある。

広場の右側に、15世紀に貴族の集会所として建てられた「コルヴァイア館」[※1]と、その左に「サンタ・カテリーナ教会」があり、すぐ裏手には、ギリシャ時代の

タオルミーナのギリシャ劇場と背後のエトナ山

神殿の石段跡とローマ時代の音楽堂の遺構が残っている。

左側のみやげ物店が並ぶ道を少し行くと「ギリシャ劇場」がある。紀元前3世紀にこの地を支配していたシラクーザの僭主ヒエロン2世が造った野外劇場跡だ。直径は109メートル、岩山の斜面を巧みに利用して造られている。

この観客席の最上段から眺める景色は最高である。正面方向には噴煙を上げるエトナ山が見えるし、逆の方向には青いイオニア海と美しい海岸線を望める。

野外劇場からヴィットリオ・エマヌエーレ広場まで戻ると、たいてい、1時間程度のフリータイムとなる。広場の正面から延びる、にぎやかな「ウンベルト通り」には、いろいろな店があって、見て回るだけでも楽しい。ウンベルト通りを歩いて行くと、通りの西の端には「カターニア門」がある。その手前には、白と黒のタイルが敷き詰められた「四月九日広場」[※1]があって、広場のテラスから眺めるイオニア海のパノラマも素晴らしい。

町の背後を見上げると、切り立ったタウロ山の頂きに城砦の跡が見える。

今回宿泊したホテルは海沿いだったので、夕食前に、映画グラン・ブルーで有名な「イソラ・ベッラ（美しき島）」まで歩いたツアー参加者も多かった。

※1＝32頁③の写真

イソラ・ベッラの島

シラクーザ

タオルミーナのホテルに宿泊した翌日は、シラクーザの半日観光となった。

シラクーザ（Siracusa、日本では「シラクサ」「シラクーサ」とも）は、人口12万、古代ギリシャの植民都市シュラクサイを起源とする町である。

駐車場でバスを降りると、サンタ・ルチア橋を通ってオルティージャ島に渡る。島に渡るとすぐに、古代ギリシャのアポロ神殿[※1]の遺構がみえてくる。

さらに、建物に挟まれた細い通りを進むと、ドゥオーモ広場に出る。広場の中ほどにあるドゥオーモ（シラクーザ大聖堂）は一見すると、バロック様式の建物のようだが、よくみると外観や内部に、古代ギリシャの柱や石組みが存在していることがわかる。これは、古代ギリシャ時代に女神アテナの神殿であったものを教会に利用したからである。

また、広場の端のほうにあるサンタ・ルチア・アッラ・バティア教会[※2]の主祭壇には、名画として知られるカラヴァッジョ作「サンタ・ルチアの埋葬」が展示されているので興味のある人は鑑賞すると

※1＝32頁⑤の写真、※2＝32頁⑦の写真

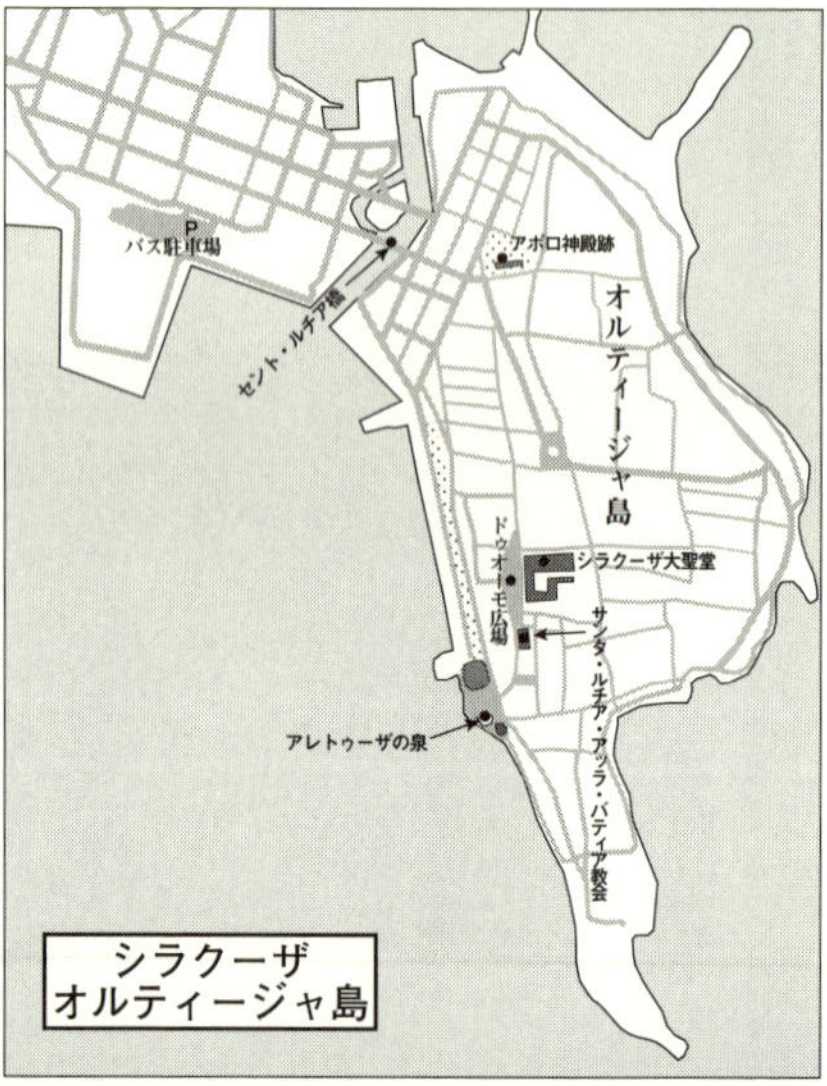

いい。

サンタ・ルチア（聖ルチア）は、3世紀のキリスト教の殉教者で、シラクーザの守護聖人でもある。ナポリにあるサンタ・ルチア港も、彼女がナポリの船乗りたちの守護聖人だったことに由来する。

サンタ・ルチア・アッラ・バディア教会の横の道を海のほうに下りていくと海岸のすぐ脇なのに真水が湧いている池がある。鯉のような魚が泳いでおり、パピルスが生えている。ギリシャ神話のニンフ、アレトゥーザが川の神から逃れるために泉になったという伝説があり、※1「アレトゥーザの泉」と呼ばれている。

シラクーザは、2005年に「シラクーザとパンタリカ岸壁墓地遺跡」として世界遺産に登録されている。

シラクーザは、ギリシャ、ローマ、それに続くビザンチン時代には、シチリアの首都であり、地中海の東西を結ぶ重要な港であったが、878年のアグラム朝（アッバース朝下のチュニジアを中心とするイスラム王国）の攻撃で破壊的な略奪を受け、以降、首都はパレルモに移った。

11世紀にノルマン人の支配が始まると、モスクとなっていた大聖堂が

※1＝32頁⑧の写真

サンタ・ルチアの埋葬

ドゥオーモ広場とシラクーザ大聖堂（右側）

復興された。しかし、1693年の地震でカルタジローネやラグーサと同様、壊滅的被害を受けた後、現在のような後期バロック風の街並みに整備された。

今回のシラクーザ観光は、オルティージャ島だけであったが、時間があれば、本島の山側にあるネアポリス考古学公園を訪れ、僭主ヒエロン2世の祭壇跡や古代ローマ劇場、古代石切り場の跡で「ディオニュシオスの耳」と呼ばれる洞窟、欧州一の大きさといわれるギリシャ劇場などを観光することもある。

一般的なツアーでは、これでシチリア島の観光は終わりである。バスはメッシーナまで行って、フェリーで海峡を渡り、一路、南イタリアのアルベロベッロまで移動する。

《著者紹介》
武村陽子（たけむら・ようこ）

1966年神戸市生まれ。

高校卒業後、会社員、児童英会話講師を経て、添乗員の仕事を始める。

最近よく行く国は、イタリア、スペイン、ドイツ、オーストリア、クロアチア、フランス、バルト３国など。

スペイン語と英語の通訳案内士でもある。

関西のスペイン・中南米の愛好家が集まる「イスパニッククラブ」代表。趣味は、街歩き、スクラブル、オペラ鑑賞など。

同シリーズには他に、

「プロの添乗員と行く スペイン世界遺産と歴史の旅」、

「プロの添乗員と行く ドイツ世界遺産と歴史の旅」、

「プロの添乗員と行く フランス世界遺産と歴史の旅」、

「プロの添乗員と行く オランダ ベルギー ルクセンブルク世界遺産と歴史の旅」、

「プロの添乗員と行く 中欧世界遺産と歴史の旅」、

「プロの添乗員と行く クロアチア・スロベニア世界遺産と歴史の旅」

（彩図社）がある。


― プロの添乗員と行く ―

イタリア　世界遺産と歴史の旅
増補改訂版

2018年9月5日　初版1刷発行

著　者　武村陽子
発行者　山田有司
発行所　株式会社　彩図社
〒170-0005 東京都豊島区南大塚 3-24-4
電話　03-5985-8213
http://www.saiz.co.jp
印刷所　シナノ印刷株式会社

Printed in Japan. ISBN978-4-8013-0326-3